用電影
和孩子談
生命中重要的事

陳建榮 ………… 著

目錄

推薦序 /

做更好的自己、更溫暖的他人

臺北市立復興高級中學校長　**劉桂光**

　　我與建榮老師都同樣相信，電影不只是調劑身心，更重要的是生命的影響。但是他跟很多人不一樣的地方是，他將這樣的影響擴大為幫助學生的生命教育工程。他分享的雖然是電影，但真正關心的卻是每一個孩子，訴說的也是每個孩子不同的生命故事。

　　許多老師都是愛看電影的，但是如何從愛看電影，進而可以從電影中掌握核心概念，連結到孩子們的日常生活，轉化成為教學的資糧，這個就不容易了。還好建榮老師給了我們最佳的引導與示範，提供如何從電影到教學的學習鷹架。

　　首先他規劃出電影教學課程的五大核心價值「溝通力、創造力、樂活力、關懷力及思辨力」。操作的流程是：看電影、進行架構分析、提問討論、設計體驗活動，最後引導孩子在生活中實踐及成果發表。

　　但更讓人覺得受用的是，在每個主題上，建榮老師都提供了精采的導論，幫我們架構出重要的概念，並設計很棒的提問討論。我們可以跟著書上所提供的材料如實運用，相信必能為自己的教學生涯帶來全新的成長與前進的動能。

　　當我們每天為了孩子的各種問題疲於奔命時，書中提供的五大良方與 85 部電影分享，可以幫助我們提升教育動能，防患於未然。更進一步的說，不只老師應該要看，家長們更應該帶著孩子一起來看電影，讓親子互動可以增添許多的趣味與深度。

　　書中分享《一路玩到掛》的對話：「古時候埃及人相信，當我們回到神的身邊，神會問我們兩個問題：『我們有沒有找到人生想得到的樂趣？』『我們有沒有把人生的樂趣帶給其他的人？』」這兩個問題其實是生命教育中最核心的兩個目標——做更好的自己、更溫暖的他人，我認為這也是教育的核心價值，而建榮老師透過電影的教學，實踐了這樣的目標。

　　感謝建榮老師在疫情嚴峻、人們必須保持距離的此刻，讓我們的心沒有距離，為我們寫下這樣一本讓生活更美好，讓師生、親子之間有更多教育與學習的書，讓我們帶著孩子們一起看電影吧！

讓我們在電影裡
找到再一次振作的力量

國立成功大學資工系教授 / 愛自造者學習協會執行長　　**蘇文鈺**

　　一個人的人生閱歷有限，很多時候人遇到困難的時候，因為類似的事過去沒遇過，所以會不知道該怎麼處理，很久以前老師與前輩會聽我的敘述，然後推薦我去看某幾本書，這確實很有用，不過遇到心情真的糾結時，往往很難把書看進去。

　　後來我選擇看電影。

　　電影裡的人生，有時真實到不可思議。

　　我很喜歡的一部電影是 Kevin Costner 主演的《夢幻成真》（Field of Dreams），我喜歡棒球電影，所以幾乎每部棒球電影都會看，但是這部的劇情實在太夢幻了，在真實世界真的不可能發生，簡直就是《牧羊少年奇幻之旅》（又稱鍊金術師）這本書的電影版。在他猶豫不決不知道是不是要把玉米田的一部分改成球場時，我記得最清楚的臺詞是：「If you build it, he will come!」現實生活中，沒有人會瘋狂到做這樣子的事。

　　2013 年，我決定開始從偏鄉與弱勢的資訊科技教學，2015 年正在猶豫要不要創辦 Program The World Association（PTWA）時，一度也面臨猶豫。我的心中響起了這個聲音：「If you build it, people will come!」七、八年來，數以百計的志工與老師加入了 PTWA 的教學陣營，數以千計的孩子上過 PTWA 的課程。

　　一個不到十個工作人員組成的小小的非營利組織，卻做著幾十、上百人才有辦法辦起來的整年數十場的教學與比賽活動，這讓我想起《魔戒》中精靈女王對主角 Frodo 說的話：「Even the smallest creature can change the course of the future!」

　　每當我感到極度疲倦與挫折時，我總是會在電影裡找到讓我再一次振作的力量。

　　但是這樣子的經驗如何傳遞給孩子們呢？《父子影癡俱樂部》這本書，描述一對溝通不良的父子藉由每週一次一起看電影而看到曙光。我就在想，要是有一本書可以帶領孩子怎麼看電影，怎麼從電影裡找到力量，不知該有多好。

　　多年的等待，我們迎來了陳建榮老師的這本書──《用電影和孩子談生命中重要的事》。85 部精選電影，這本書還提供了各式學習單，以引導提問的方式讓孩子進入到這些電影裡的世界。建議每一個老師與家長，在你找不到方法可以與孩子對話的時候，也許電影加上這本書，會是一條不嚴肅但有效的方法。

推薦序 /

讓孩子搶著把書借閱一空的生命實境體驗

國小教師 / 閱讀推廣人　**林怡辰**

等待建榮老師這本書已經好久了。

認識建榮老師有一段時間了，雖不曾見過面，但在網路上每次細細的看見他教學的點滴，尤其是電影的主題式教學，每見一次，就忍不住敲他訊息一次：什麼時候將這些點滴付梓？

身在偏遠學校，孩子的文化刺激較少，曾有老師擔任營隊主講，當他問都市的孩子：「疫情結束之後，你們想去哪裡？」都市的孩子說：「加拿大、日本、國外旅遊。」而我們的孩子說：「想要去彰化市。」因為彰化二林的孩子，到五年級還沒有去過彰化市；「想去民宿睡一整天。」因為沒有住過民宿。孩子天真浪漫，純樸自然，但在生活經驗闕如、背景知識不足下，我絞盡腦汁，後來發現「電影」是最好的捷徑！

只看童書改編的電影《瑪蒂達》片段，孩子已經搶著把厚厚的少年小說書籍借閱一空，還會來討論電影和書籍的異同，誰能想到，這孩子原本堅持只讀繪本？投入在《浩劫重生》的孤寂和絕望中，中午的營養午餐，清空見

底；搭配課文《佐賀的超級阿嬤》，觀後討論踴躍，本來只能寫隻字片語的孩子，八百字大爆發。帶領孩子第一次自助旅行，也是踏入真正的電影院，在螢幕裡跟著主角同悲、同喜，就像是跟著過了一段他人的人生。

在體驗不足底下，感受、想法都只能像蜘蛛絲般風吹就散，但好的電影，就像是虛擬實境，將靈魂託管兩個小時，讓自己的情緒、思慮徜徉，還補足了體驗，加上深入的討論，什麼是意義、什麼是愛、什麼是未來，這些飄渺無涯的哲學思辨，便生根在一部部影片的事件和故事裡。

但茫茫片海，哪些值得我們投入兩小時生命，和孩子觀看？建榮老師從溝通力、創造力、樂活力、關懷力、思辨力中，選出適合孩子的片單，更重要的是背後的教學思考、分析故事、討論議題、體驗活動、實踐。才能將螢幕虛擬的兩小時，靠著實踐，嫁接到孩子真實的人生。

建榮老師在書裡，言簡意賅的從「五力」出發，談及核心及曾經做過從電影的延伸活動，後面羅列了影單，更列出精華的討論問題，還有延伸片單可補充。我最愛的是上課的活動影片，讓整本書更有了靈魂。書中的選片專業、問題深度、延伸思考，都令人咋舌。片單是一時、可以變動的，但核心的教學目標和思考，卻是可以無窮無盡的實踐、思考和變化下去。

帶孩子看電影前，一定不要錯過這本我千呼萬喚的電影實踐手冊，和孩子在電影裡，閱讀影片，虛實體驗，再創更好的人生！

■ 好評推薦

■ 活出探索生命的影響力

　　五、六年前，因翻轉教育的浪潮，基金會邀請建榮老師到臺東，以「電影融入談創新教學」進行師培工作坊，建榮老師的教學熱忱與新穎的思維，從他與工作坊老師們的互動中表露無遺。作為一位未來教育現場的領航員，給予孩子的已不再是「知識力量大」，而是能陪伴孩子探索自我，活出生命精采的影響力。

　　教育是一門時尚產業，若你有意投入，必須先豐富自己的生命閱歷，期盼透過建榮老師這本書裡所推薦的必看經典電影片單，引領你開始體會電影中的人生百態。

──臺東均一高級中學／公益平臺基金會董事長　嚴長壽

■ 是沉澱、思索的最好學習

　　進入 5G 時代，社會變動更快，內容傳播也更為迅速龐雜，此刻的眾人特別需要好的故事。電影，讓我們可以聚焦沉澱，深入思索！

　　建榮老師推薦的影片有得獎的好萊塢動畫、Netflix 上暢銷韓劇、臺灣本土創意劇、印度等地的許多國際佳片……都雋永好看、動人心弦！更重要

的是，透過建榮老師的引導方法，親子師生能在輕鬆互動中學到人生重要的五個能力：溝通力、創造力、樂活力、關懷力、思辨力，如此豐收又愉快的學習方式，一定要推薦給您！

——富邦文教基金會執行董事　**陳藹玲**

■ 像電影般精采的一本書

　　這本書就像一部電影，呈現了一幕幕高潮迭起的故事情節。這些故事，不是電影中的情節，而是呼應著電影內容所發生在教育現場的真實故事。一名自閉症的孩童、一個女學生被排擠的事件、一場同心協力的比賽、一次製作情緒餅乾的體驗；具體的教學做法、提問討論的引導、繪製心智圖的技術、實踐付出的活動設計，都是本書最珍貴且動人的元素。

　　透過一起看電影，改變學生，也改變老師自己，是多麼重要而令人感動的一件事。

——國立中央大學網路學習科技研究所教授　**施如齡**

■ 幫助孩子從中走出自己的學習歷程

　　誘發孩子學習動機，促進孩子思考，產生思辨與懷疑，再到鼓勵孩子進行自我對話或與他人對話，歸納總結，產生行動，是一道複雜並且具有創造力的歷程。在《用電影和孩子談生命中重要的事》中，我看到了這樣的歷程在紙上跳躍著。

建榮用獨特的溫柔和熱情，把不同型態的電影作為引人入勝的故事教材，再讓孩子思考故事中的不同觀點與角色轉換，透過有趣的學習單幫助孩子進行價值澄清與自我對話。最後總結的提問，包含許多高層次的問題或是人生哲學的思辨，希望誘發生活裡的小改變，進而是整個社會的改變。

鼓勵家長和老師善用不同媒材，挖掘不同故事，建立不同思考歷程，與我們的孩子一起在電影裡暢遊學習、思辨挑戰。

——臺北市政府教育局專門委員　**諶亦聰**

■ 難忘每次孩子觀影的專注神情

「忠孝哈電影」是本校課程裡最具啟發性、最具多元靈魂的課程。每次看孩子觀影的專注神情，事後熱烈討論的情景，那真是教育場域中最美的風景。

忠孝的孩子何其幸運，有足夠的經費可以挹注在電影教學，有專業的建榮老師引領全校親師生進行動態閱讀。透過電影教學，我們領略各國不同文化、落實十二年國教的核心素養、培養積極向上開朗樂觀的人生觀。

更重要的是透過電影教學，忠孝的親師生有很多共同的回憶，在人生求學工作、成家立業以後，不論遇到什麼挫折，回頭想想曾經看過的電影，每一部都有解決人生困境的妙方，誠摯推薦——《用電影和孩子談生命中重要的事》。

——臺北市忠孝國民小學校長　**康燕玉**

■ 給孩子開啟幸福的鑰匙

「綜合活動」領域的教學最重視情境學習，好的情境設計對孩子的學習事半功倍。「電影融入教學」讓孩子覺得好玩有趣，自然就會專心學習，但關鍵在於建榮老師透過嚴謹的分析與設計，獨創的「DREAMS 教學模式」，孩子與電影情節產生共鳴，透過觀察、感受、統整的過程，啟發並內化為正確的生活價值。

誠如建榮老師所說，在 5G 世代的孩子掌握 5C 的能力，如同握住一把隱形的鑰匙，可以開啟幸福彼端的關鍵。當我們為現今孩子的品德教育、生命教育、人際互動、價值澄清感到憂心時，建榮老師的發想與實踐不啻是可行之蹊徑！

——臺北市興德國民小學校長　賴延彰

■ 我與孩子、與學生的美好電影時光

我喜歡看電影，更喜歡陪著孩子們看電影。人生的道理用說的很難動人，但透過電影短短兩個小時，我和孩子們進入主角的世界，隨著劇情起伏，許多原本需要人生數十年才能有的體驗與感受，卻在短短的時間內就能夠同理。

而欣賞電影過程中或結束後的對談，更大大地提升了親子之間談話的題材與內涵，當我們與孩子有共同經驗時，則人生的道理就不再是單向的傳遞，而是擁有共同經驗的平等對談。在這樣的時刻，我和孩子成為可以交流

生命意義的好友。面對我的學生，我也曾經以相同的方式設計與進行課程，那種豐富與深刻的問題討論，成為學生探詢意義與價值的難忘經驗。

　　而這樣一本為了孩子成長而精選的電影介紹書，是幫助老師或父母陪伴學生或孩子的書，而每部電影後提供的討論問題，都成為聚焦討論最好的參考。

——社團法人瑩光教育協會　藍偉瑩

■ 用電影開啟換位思考的對話

　　認識陳建榮老師多年，總是被他在電影教學的熱情所感動。我自己在教學中也經常融入電影欣賞，正如建榮老師所言，電影是最快最有效的教學策略，在緊湊劇情、音樂與場景的氛圍裡，能讓孩子快速融入劇中主角的視角，引發共鳴，很多我們想要教會孩子的道理，都能在影片欣賞中換位思考，在師生反覆對話中得到更好的釐清。

　　翻閱這本《用電影和孩子談生命中重要的事》，發現建榮老師將多年電影教學實戰經驗都寫進這本書裡了，書中有分類完善的電影清單、具有深度的提問大綱，還有暖心的相關延伸活動。昨天朋友問我，有什麼電影適合用於線上教學課呢？我立即推薦建榮老師的書訊，只要按圖索驥，就能得到一甲子深厚的教學功力。

——臺中市大元國小老師　蘇明進

■ 理論與實用並重，對家長、老師都非常實用

臺灣是個影視產業活動非常熱絡的地方，而影視作品是大眾生活不可或缺的一環，尤其對於孩子來說，是娛樂生活、也是思想啟蒙的重要途徑。以個人製作的戲劇《火神的眼淚》為例，播出之後，我收到非常多家長與孩子的迴響，他們甚至會在親子活動中裝扮成消防隊，扮演劇中的角色，無形中也在孩子心中建立勇敢、正義、公益的理念。

建榮以自身觀影心得、教學經驗出發，分析出對孩子的成長要素，分門別類整理出 85 部影視片單、35 篇專文，從動畫、電影到影集，有許多作品都是影響我至深的作品。

令人佩服的，是看到將理論建構與實務運用，創造出引發創造、啟發心靈、建構思考的 16 張學習單，活潑又容易理解與操作，對老師、家長們來說，絕對是非常實用的。

——《火神的眼淚》、《我們與惡的距離》製作人　**湯昇榮**

■ 理解課堂外更重要的生命意義

永遠記得，我所工作的「光點華山電影館」首次與建榮老師任職的忠孝國小合作影像教育推廣的場景。那晚放映日本電影《為你取名的那一天》，講述貓狗收養後與飼主的故事。觀影後，孩子們興奮的分享予菈臨現場的日導山田茜女士：「我明白爸媽幫我取名的用心了。」「謝謝電影告訴我們，

迎接與送走生命的感覺。」這是長期受到電影滋養的孩子，才能產生的深度反饋啊！

感謝建榮老師運用獨特的引導與解說，讓一群又一群的孩子，理解課堂外更重要的生命意義；很感謝他無私的分享，讓同樣從事影像推廣的我們，感到極大的振奮與感動。加油，建榮老師！

——臺灣電影文化協會執行長／光點華山電影館總監　**陳伯任**

■ 對生命的熱情，在哪都會發光

建榮老師是我的偶像，更是我的前輩。

他在春暉電影公司服務時，我仍未踏進電影產業。等我開始以菜鳥身分學習電影發行工作時，常從其他前輩口中提到他，語氣中滿是讚美與肯定。

一個真正優秀、對生命有熱情的人，無論在任何領域都能發光發熱。他將對電影的愛化為種籽，深植在更多孩子的心田裡，這些孩子未來看待世界的眼光將會非常非常不同！

——知名電影人／牽猴子股份有限公司總經理　**王師**

■ 生命教育的絕佳教材

大家都相信，只要在學生的成長上加多一點點，即使是看來微不足道的工夫，就會為學生的生命帶來改變。

　　從 2015 年起，建榮老師的電影與生命教育課程成為我們「臺灣生命教育學習團」必備的「景點」，建榮老師在生命教育，特別是電影與教育的發展上，所做的是舉足輕重的事情，會帶來深刻而正面的影響和變化。

　　誠意推薦這本新作，相信讀者會從建榮老師身上學會幸福，也一起帶領學生和孩子學會幸福。

——香港全人生命教育學會理事　何榮漢

■ 他的故事就是一部活電影

　　建榮老師令我印象最深刻的，不單是他如何用創意的方式將電影帶進課室，再將電影對學生產生的感動以行動實踐，將愛與溫暖帶到社會，更是他身上散發著對電影的熱情，他的生命故事就是一部活電影。

　　建榮老師的新書不僅精選不同的影片，更將其分類為 5C，這五種能力都是我們需要培養孩子能與自己和他人連結，以及與未來接軌不可或缺的關鍵。

　　相信「看電影」是建榮老師保持年輕的養生祕密，十分期待此書能滋潤老師的生命，並將這份生命力感染我們的學生，讓他們成為一個更好的人。

——香港循道衛理優質生命教育中心總幹事　陳穗

自序 /
5G 時代的幸福人生

電影是我的摯愛，老師是我的志業。

在我考上國立臺北師範學院（現為國立臺北教育大學）公費生時，我很快加入電影社團，後來當了社長。整個大學生活，我幾乎把所有的時間、精力投入社團活動中，忙得沒日沒夜。直到大四那年，站在「當老師」還是「進入電影圈工作」的岔路前，兩條毫無交集的路，像兩個戀人般糾纏著，逼我做痛苦的抉擇。

幾經思考，並且與家人懇談後，我下了一個決定：延畢一年。

為了延畢，我很任性的先跟某堂授課老師坦承意圖，這位著名詩人聽了不但沒有生氣，還大大鼓勵我，讓我吃下一顆定心丸。延畢的那年，我跑去當時以代理藝術電影聞名的「春暉」上班，讓自己不留下悔恨。

那一年，我在電影公司的行銷部門，從打雜小弟、企劃、公關、發行，到電影上院線的所有細瑣工作，無不參與。最後，春暉老闆陳俊榮先生還破例帶我遠赴法國的坎城影展，參與整個觀片、買片的過程。在隨處都是俊男美女、星光熠熠的坎城，配著南法陽光、浪漫的海灘美景，對我這個從小熱

愛看電影、家境並不優渥的南部小孩來說，真是美夢成真。

有了那一年的經歷，終於讓我甘心走回教育界，投入春風化雨的職場。沒想到人生如此奇妙，又如電影般充滿驚喜，在我把電影帶入課堂，做為學生的生命教育課程後，兩個「心愛」不但毋須犧牲，反而相輔相成。隨著一屆又一屆的帶班過程，「電影課」讓我與學生交織出無數喜怒哀樂、淚中帶笑的時光。

我覺得自己頗為幸運，考上臺北市兩所國小的正式老師，其一是大型國小，另一所則是小而美的忠孝國小。我選擇到後者任教，並剛好遇上九年一貫的教改時機，鼓勵每所小學發展不一樣的「特色」教學。

忠孝國小擁有什麼樣的資源與特色？它鄰近臺北市光華商場，而光華商場充滿大量的影音光碟，在取得影片上相當方便。2012 年，商場旁的華山文創園區成立了專門播放藝術電影的「光點華山電影館」，為臺灣首座國家級藝術電影館。至今，光點電影院仍不時與我們學校合作包場，供學生們觀看一部又一部好片。

天時加上地利，同時提點了我，電影中飽含人生哲理的故事，不正是我累積多年且擅長的教材嗎？說也幸運，在學校校長、主任及其他老師的支持下，把電影融入教學課堂，就這樣開始了……。

▌ 電影帶我找到生命出口

回想電影給我的最初感動，讓我從此執迷熱愛，源自於兒時記憶深刻的一部片，它沒有充滿魔幻的特效場景，也沒有燒腦難解的劇情，當時卻在臺灣創造高票房，主題曲至今仍不時被傳唱的《魯冰花》。

我難忘在黑漆漆的戲院中，看著大銀幕上那個有繪畫天分，但貧窮苦命的小男孩古阿明，雖然遇上慧眼識才的老師，卻在有錢鄉長的勢力下，一再錯失大展身手的機會。當他聽到自己沒被選上代表學校出去參加繪畫比賽，而由鄉長的兒子擔任時，反而安慰內心不平的老師：「沒關係，去年也一樣，反正有錢人的孩子什麼都比較會。」也許是擁有類似處境，那一刻，我彷彿化身為古阿明，再也忍不住，在戲院嘩啦啦的流下心有戚戚焉的眼淚。

電影把窮苦孩子的心境與悲哀，藉由影像、演員、音樂完全展現，在感同身受之餘，還替我們說出了無法完整表達的心聲，簡直是幫我們「出了一口氣」。

這種觀影經驗讓我著迷，國中時開始頻繁進出臺南有名播映二輪電影的「全美戲院」，年少時期，我止不住一遍又一遍、著魔般的重複看著《第六感生死戀》、《熱舞十七》、《清秀佳人》。

我在電影院裡，或跟著劇情開懷大笑，或哭到一把鼻涕一把眼淚。在有著髮禁、聯考的年代，慘綠少年滿懷不被大人了解的叛逆、對未來美好的幻想，以及對愛的好奇渴求。這些狂飆的敏感情緒，都壓抑在每天不斷重複的念書、考試和師長的說教中，唯有藉著看電影才能真正喘口氣，感受情緒被

釋放的自由與快樂。

　　每當電影播畢，戲院拉開隔離外界的簾幕，得見外面白花花的光線，回到現實世界的心情，有點悵然若失，同時裝滿了輕愁與快樂交雜的幸福感動。電影中某些片段、對白與金句，總不時在與生命有所回應時的片刻出現，讓人一再回味。

　　這是電影的魔力，帶著你上天下地進入五花八門的世界，經歷他人的生命歷程，讓自己既被挑動又得釋放，在當中被理解、認同，最後，帶著滌淨的心靈再持續奮鬥。

　　教書第二年的暑假，學妹要去美國探望男友，我乘著可順便下榻之便，一同來到紐約。遊畢紐約，我又花了二十小時搭灰狗巴士，前往加拿大的最小省分——愛德華王子島。原因無他，因為這是我最喜歡的《清秀佳人》故事發生地。

　　愛德華王子島因《清秀佳人》成了熱門觀光景點，在這裡，每天都有改編的舞臺劇上演，每隔幾年，仍會出現不同版本的動畫、電影等文本。當地的中小學，三不五時也會把《清秀佳人》列為學期戲劇演出的戲碼，讓學生一同參與呈現。

　　來到此地，得親眼看見戲劇背後的場景：空氣與陽光的觸感、居民純樸的生活、與環境交織結合的互動，都會令我深深感嘆：一部經典作品是如何深遠影響一個城鎮的文化、經濟與產業的發展，甚至能夠歷久彌新。

　　26 歲，我初嘗失戀痛楚，一時難以承受。在哀傷中，我去看了《托斯卡尼豔陽下》。劇中女主角失婚後，來到托斯卡尼定居，她一心渴望找到生

命中對的人，卻一再錯過，就像她從小喜歡的瓢蟲，愈是追著瓢蟲跑，瓢蟲飛得愈遠。最後，她坐在椅子上睡著，醒來時發現，有一隻瓢蟲正停在她的手上。

片中藉著「瓢蟲理論」告訴觀眾追尋幸福的道理。愛情何時會來？當你急著追求，可能離得愈遠，反而是緩下追尋的腳步，先把幸福帶給別人時，幸福自然會來敲門。

無疑的，這部電影療癒了我。

▌電影帶我勇敢往前

在以往的教育體制中，「藝術」與「人文」往往是被忽略、被犧牲的一塊。但我認為這些考試不考的課程，才是人生得以幸福的重要科目。

身為出生在 21 世紀「滑」世代孩子的導師，對於科技的影響，我的感受特別強烈，知識的傳遞對孩子來說，沒了老師，還有強大的 Google 大神。而我發現，滑世代的他們有不少刺蝟男孩、或女孩，有的難以控制情緒，有的內心充滿孤獨無助的憤怒，表現出來的外顯行為就是無法專心、同儕問題、難以溝通或情緒失控等狀態。

這些孩子每天來到學校，情感依附的對象從父母變成老師，每個人都渴望得到關注。但一隻刺蝟或許可愛，很多隻刺蝟在一起，就容易發生彼此看不順眼、互刺互戳的情況。

臺灣可說是一個「過勞」的環境──大人、小孩皆是，家長工作早出晚歸，孩子則是排滿課程，等回到家裡，彼此都累得情緒欠佳，誰也不想再面對指責或抱怨。一個家庭面對一、兩個孩子尚且如此，而老師每天面對二十幾個孩子，時間久了，自然也會爆氣。

「你們都是父母的心肝寶貝，那陳老師也是我爸媽的寶貝。」這是我教書以來，對學生講過最重的一句話。那一年是我最煎熬的時期，全班 23 位學生中，只有 8 位不用操心，其餘都有難以調節的內在情緒。

無奈與無力產生的雙重倦怠，讓我去看了一部印度電影《我的嗝嗝老師》，想當然耳，我又在戲院裡哭得唏哩嘩啦。

片中患有妥瑞氏症、一心想從事教職的老師，幾經失敗後，終於獲得代理教師的機會，但她面對的卻是一群幾乎被學校放棄、來自社會最底層、且狀況百出的放牛班學生。在學生百般捉弄下，老師依然相挺不放棄，並想盡辦法運用多元的教學方式，試圖找回學生的自信，同時找回當老師的初衷。

看到嗝嗝老師挑戰一次次的困境，想想自己的處境，相較之下簡直小巫見大巫，或許自己還有許多可以施展的力量。該片讓我思考，何謂教學最大的價值？或許孩子長大後，會遺忘許多教過的知識，但若在人生某一停頓點，想起我們相處的片段、講過的一句話，能帶給他們一些力量，繼續勇敢向前，這就是最大的價值。

電影是我人生的老師，當我在現實中受挫、被誤解，或是面對失去親人的哀痛時，只要來到「老師」面前，看它把無數人類的創意、哲理與智慧變成一部部的絕妙好片，讓我們對號入座，理解不同人與事，也看見在無數

的陰暗角落中，還有許多等待救贖的靈魂，於是我們珍惜、思考、溝通、和解、啟發，然後逐漸成長。這不正是教育最大的價值嗎？

科技給世界帶來無與倫比的便捷，有了 4G，大家仍盼望 5G 的普及，好用更快的效能來處理各樣事物。然而在教育中，我盼望 5G 時代的孩子能擁有 5C 能力：溝通力（Communication and Teamwork）、創造力（Creativity and Implementation）、關懷力（Compassion and Empathy）、樂活力（Courage and Passion），以及思辨力（Critical Thinking and Problem Solving），我希望藉著不同類型的多元電影，讓孩子體會 5C 能力的重要。就如同握住一把把隱形的鑰匙，可以開啟幸福的彼端。

科技汰換快速，帶來便利也隱含焦慮，但如果當我們擁有 5C，能夠對他人授以善意並施予幸福，「施與受」之間自然慢慢形成一個幸福的迴圈。一旦每個人都擁有幸福迴圈，集合起來，小迴圈便可以擴大為幸福的無限迴圈。

《一路玩到掛》是我很喜歡的好萊塢喜劇電影，我永遠記得主角之一的摩根費里曼扮演的主角死了之後，好友傑克尼柯遜請助理遵照他的心願，帶著骨灰千里迢迢來到喜馬拉雅山，向天撒灰。這時旁白出現：古埃及人相信，當我們回到神的身邊，神會問我們兩個問題：

「我們有沒有找到人生想得到的樂趣？」

「我們有沒有把人生的樂趣帶給其他的人？」

　　我常在想，到了那天，當神問我這兩個問題時，我可以抬頭挺胸、毫不猶豫且驕傲的回答：「Yes, I do.」

兒少節目《小○事件簿》
電影融入教學——師生訪談

前言 /
讓我們與孩子一起看電影吧！

有人說，一般的老師是教書，更好的老師是教人。

過往九年一貫課程的教改，理念涵蓋「人與自己」、「人與社會」、「人與自然」三大面向，課程的七大領域除了考試會考的語文、數學、社會、自然，還有不考的「藝術與人文」、「健康與體育」及「綜合活動」。後三者的學習偏向現今 108 課綱強調的素養導向，雖然考試不考，卻是掌握人生幸福的金鑰。

我以「電影」來教導生命課題，固然是因為個人興趣，還有電影本身是結合七大藝術的第八藝術，涵蓋人類難以計數的生命故事，飽含寓意且表達直接，是不折不扣的「軟實力」。

以往的觀念視「看電影」為娛樂消遣，以至於當我把電影當做生命教育課的媒材時，多少令家長產生「這老師太混」的想法。事實上，操作多年的電影課程下來，電影對孩子世界觀的建立、理解他人處境、解決同儕問題，比老師講大道理還更有效。

在課程設計上，我們不僅是看電影，之後還要畫樹狀圖或心智圖來分析

故事、討論核心議題，接著安排體驗活動，讓孩子在生活中實踐，最後舉辦成果發表。這些連貫的活動設計，都是從無開始，然後變成教案，慢慢建立起資料庫。整個流程操作，光是設計學習單、指導學生寫作分析動態文本，就比老師單純的教學來得複雜與困難。

孩子喜歡看電影，但不是人人都喜歡之後一連串的分析與學習。曾有學生跟我反映，他不喜歡寫觀影後的學習單，但為了可以繼續看電影，他願意耐著性子努力。

結合分析文本的學習單，在一次次練習操作下，我發現學生的邏輯能力變好、口語表達增強、語言成績進步、人際關係改善、開始重視環保，也體會到共好分享的快樂，這些都超乎我們的想像。

因此，讓我們與孩子一起看電影吧！

電影的可貴，除了娛樂抒壓，也是人際關係中最容易找到溝通話題的管道。孩子的生命經驗有限，一直待在教育界的老師，長期處在單純的教學象牙塔裡，也容易與現實社會產生落差。電影幫助我們補足這一溝隙，讓我們更快打開眼界，知道流行的趨勢，同時找到共同的語言與話題。

在滑世代中，觀看電影比以往更為容易，除了走進電影院外，還多了許多影音串流平臺，隨時可以跟世界接軌。

雖然觀看管道變多，但不變的是那種大家一起待在共同空間中，同看一部電影的「儀式感」。隨著電影情節高低起伏，我們一起經歷冒險、體驗苦難，最後一同成長，這種一起笑、一起哭、一起驚呼、一起療癒的過程，雖然每個人都是獨立的個體，卻不再感到寂寞。

科技分開了人與人之間的距離，但藉由科技製造出的電影，卻把我們又連在一起。

▎比冠軍獎盃更有價值的事

在我教學第六年、擔任資訊組長之後，希望和孩子有更緊密的連結，於是接下五年級導師。班上有一位女孩常被排擠，她成績不優，運動也不佳；在師長眼中，她常笑臉迎人、溫和有禮，但對待同學時，常常態度不同。

「老師，可以不要讓她參加大隊接力？」有一天，同學來跟我說。

「對啊，大隊接力不是每個人都要跑，我們就不要把她排上場。」有人這樣附和。

這種擺明把她剔除在外的舉動，讓我不甚認同。於是，我放了一部運動電影《衝鋒陷陣》，描述在美國種族融合政策下，一位黑人橄欖球教練來到白人高中擔任美式足球教練，他面對化解種族藩籬的困難，想辦法打破膚色疆界，然後把一支常敗隊伍推至冠軍寶座，是部感人又勵志的電影。

「我們的膚色有不一樣嗎？」看完電影，我問學生：「如果男生都覺得自己跑得很快，那為什麼她一加入，我們就會輸呢？到底什麼叫真正的成功？什麼是真正的冠軍？」

在女孩去潛能班上課時，我問同學：「你們對她有什麼不滿？她在你們面前是什麼樣子？」我請兩位同學在黑板寫下對她的觀感，「說謊、沒禮

貌、雙面人⋯⋯」洋洋灑灑寫滿了黑板。

「你們的心聲，老師看到了。」我說：「但老師要跟你們講一個其實不能跟你們說的事。」

女孩來自單親家庭，通常父母離婚，往往會爭奪孩子的撫養權，但這個女孩的遭遇完全相反。後來她跟著爸爸生活，有一次爸爸生氣，情緒一來，竟然拿起熱水瓶擲向她，把她嚇壞了。

當女孩從潛能班回到教室，我讓她看黑板上同學寫的字，然後說：「老師喜歡你，因為你很有禮貌、很懂事，老師還常常怪同學們對你不好。你看黑板上寫的，是不是同學誤會你了？」

女孩不語，然後流下眼淚。我告訴她：「老師希望同學對你好，老師這麼努力，你也要努力。」

後來，我從同學當天回家寫的心情札記得到一些反饋。一位懂事的女生寫道：「我可以理解為什麼她要叫我姊姊，她明明年紀比我大。那是因為她希望有個姊姊陪伴她，才不會感覺那麼孤單。」

之後，把女孩排進大隊接力，再也沒遭到阻力。為了她，班上男孩考慮後，跟我商量調動棒次，想把她排在前三棒。他們想，等她跑完，很可能落後別班一大圈，棒次調前，可以盡早解除彼此心裡的負擔，讓出空間給後面的跑者追趕。

女孩開始修正對待同學的態度，班上的女生也陪著她練習跑步。雖然她進步緩慢，同學也不逼迫，只叮嚀：「慢慢跑沒關係，千萬別跌倒。」

「你明天一定要出現。」運動會前一天，同學特別交代她。多年來，學

校運動會當天，女孩總是臨時請假，是真的生病？還是接收班上某種「你不要出現」的暗示？因為只要她不出席，他們班就不會輸。

大隊接力時，果然如男生所料，女孩跑完已落後前面一大圈，但在交棒後，大家開始加足馬力、死命追趕，拚到最後，居然領先一圈，拿下冠軍！雖然只有三個班在競賽，但大家體會到贏得比賽的真義，其價值遠遠勝過冠軍獎盃。

▎我們都是外星人

特殊學生對老師和同學來說，常是班上的爆點與挑戰。過去由於醫學觀念不足，這些表現不同、躁動不安的孩子，容易被貼上「害群之馬」的標籤，使他們成長過程充滿挫敗與艱辛。

然而，特殊孩子要融入一般孩子的團體實非容易，師生要了解、包容他們的狀況與處境，種種困難都考驗著帶班導師。老師要授課、要排解糾紛，還要關注其他學生，一天下來真是身心俱疲。

小祐祐曾是我們學校遠近馳名的自閉症孩子。遠近馳名的是他的尖叫，用來表達情緒或需求沒被察覺的反應，每天都會照三餐不停響起。

在小祐祐即將升上五年級、轉換班導時，高年級的三位帶班導師（包括我），每個人都在內心祈禱「不要抽到小祐祐」。抽籤前一天，我的朋友還為我占卜，結果抽出一張不妙的「天使卡」，上面寫著：你是性靈的老師，

不要畏懼挑戰，神會給你必要的幫助。

　　果然如同上天安排，小祐祐來到我的班上。整個暑假，我不時思考，如何讓小祐祐融入團體？如何維持班級秩序？我從電影《心中的小星星》中，得到一些靈感。

　　「小祐祐別再裝了，其實你不是地球人，你是火星人對不對？你覺得地球人很煩，他們都不了解你。」開學第一天，我請小祐祐過來，對他說：「老師告訴你，其實我也不是地球人，我是海王星人。既然我們都來到地球，就要學會跟地球人相處，你可以看看，教室哪個地方像火星，你待在那裡比較舒服？以後老師和同學看到你在那裡，就知道要給你一點時間與空間。」

　　理解與善意，固然是對待自閉症孩子的方法，但並不表示從此一帆風順。一般人的環境對自閉症孩童來說，充滿太多太多的「過敏原」，一旦碰觸，小祐祐的尖叫聲就出現了。不過，「理解」其行為模式及背後動機，的確減少小祐祐的尖叫次數。

　　為了讓小祐祐快速冷靜下來，我曾在手機安裝可吸引他目光的「憤怒鳥」遊戲，只要他願意冷靜下來，我就讓他玩一下，好快速轉移他憤怒不安的情緒。

　　六年級時，我在電影課程中安排《星星的孩子》。這是由 HBO 製作，講述自閉症名人、畜牧博士天寶‧葛蘭汀自傳的劇情片。影片最精采之處，在於天寶可以用自己的角度，清楚敘述自身的內在世界，以及看待事物的方式及觀點。還有她的媽媽及恩師，如何調整對她的態度及教學方式，讓天寶

就算身處「過敏」的環境，也能逐漸學習掌控。

導演最厲害之處，在於熟練利用視覺技巧，將大量圖像與影像結合，用來述說天寶的故事，一般孩子看了，也能了解自閉症者的內心及行為模式。

其實，電影的聲光刺激對小祐祐來說，也是不太能承受的過敏原，但因為太好看了，小祐祐邊用一隻手摀住耳朵，邊低頭做一下別的事，然後不時偷看一下銀幕，就這樣把電影看完。

這部電影讓同學明白什麼是自閉症，進而理解自閉症者成長的辛苦，並且告訴他們，自閉症者也能闖出一片天地。

後來，在觀影學習單的問題裡，孩子們自動寫出「自己是如何對待小祐祐」。有人為他抱不平：「他又沒做錯事，為什麼男生總要欺負他？」有人看到小祐祐的天分：「小祐祐好厲害，好會畫畫，希望有一天可以買他的畫。」最重要的是小祐祐的反饋：「我好像看到以前的自己，天寶發脾氣時真的很恐怖，原來我的尖叫聲那麼可怕。」

▎風暴中的危機與轉機

理解和正確的對待，加上班級一位帥氣男生不時伸出援手，小祐祐的學校生活順利多了，雖然還是有出狀況的時候。有一次上自然課，自然老師將男女分組進行搶答競賽，在勢均力敵、同分的狀況下，小祐祐自願回答最後一題，但他故意答錯，好讓女生取得勝利。

　　男生組氣壞了，一個男生脫口罵道：「你這個白癡、智障，害我們輸掉。」此話一出，小祐祐開始失控暴哭，並且不願意離開自然教室。

　　立馬有同學回來向我報告，要我去領回小祐祐，我故意拖延了一堂課的時間，等到小祐祐願意回來，才開始問話。

　　「剛剛是誰那麼生氣？」

　　「老師，你不是教我們玩遊戲也要認真嗎？我們很認真想要求勝，有錯嗎？」出口罵人的男生說。

　　「對，小祐祐故意讓你們輸是他的錯。但老師在乎的是態度，因為這樣，就罵人白癡、智障，對嗎？」

　　我轉頭問小祐祐：「你是否也有錯呢？」

　　尚未消氣的小祐祐憤恨大喊：「我要叫我爸爸告死你們！」

　　後來有幾位男生願意跟小祐祐道歉，勇於認錯的行為，立刻得到不少女生的稱讚，但小祐祐仍不滿意。

　　「小祐祐，對方有錯，但你也有犯錯。」

　　僵持中，我說：「既然大家都有錯，那老師請雙方父母來學校談談如何？」

　　一直很怕爸爸的小祐祐，聽到我這樣說，開始陷入沉思。

　　這時有女生直接問：「小祐祐，你要怎樣才能消氣？」

　　小祐祐脫口而出：「給我糖果吃！」

　　「不早說，我還有很多！」

聽到這樣的答案，大家都笑了。

一場紛爭告終。當大家放學離開教室後，我把罵人的男生留下來。

「你罵他白癡、智障，但你有沒有想過，小祐祐考試都考贏你，他是白癡，那你是什麼呢？」罵人的男生低頭不語。

我繼續說：「你要知道，任何人考試考不好，老師都不會這樣罵你們。老師只是要你想想，當我們用殘忍惡毒的語言罵人時，對方聽了有什麼感覺？這樣真的對大家好嗎？」

畢業前夕，小祐祐在給我的信中寫道，「感謝老師為我伸張正義，也一再包容我……」典禮那天，小祐祐哭得非常傷心，他的父母帶著他，一一向平時照顧他的同學及師長道謝。畢業後，我不時收到小祐祐寄來自己繪製的卡片，卡片的標題寫著「你是最棒的老師」。

天寶‧葛蘭汀表示，自閉症者在小時候需要大量的一對一練習，好融入所處環境的各種狀況。後來，臺北市的特教輔導團找我用「特教電影」，與普通班學生進行融合教育，我可以有現場操作的實務經驗，這些都是小祐祐給我的。

特教電影是拉近兩者進行融合教育的優良媒材。與其苦口婆心、煞費心力的勸導，不如放一部相關的電影，然後彼此討論來得有效。「看電影」是我教導生命教育的一種方法，站在教育的立場上，孩子們的改變與反饋，才是最重要的禮物。

因此，還是那句話：「讓我們與孩子一起看電影吧！」

TVBS「教育競爭力」
專題報導：
電影給我們的能力

溝通力
Communication and Teamwork

有溝沒通，你我的心意難以傳達
有溝有通，產生彼此共鳴的心流
每個人頭上都有一條隱形的線
有效的互動連線，讓生命流動與交融

開啟理解與對話
的通道

　　為什麼把「溝通力」擺在孩子所需能力的首位？美國關鍵聯盟協會提出，21世紀學生所需具備的關鍵能力，其中一項就是「有效溝通」。

　　如果孩子從小沒有學會表達，或是透過各樣媒介讓對方知道自己的想法，以及讓自己了解對方感受，就容易陷入雞同鴨講的狀況，有「溝」而沒有「通」。因此，溝通力是孩子從小就需培養的基本能力。

　　然而孩子最早學習溝通的模式，來自原生家庭與大人間的互動，然後才擴及到同儕的相處。我在處理同學間的糾紛時，有些孩子開口第一句話就是：「不是我！」就算旁觀的同學指證歷歷，甚至是我親眼所見，他們依舊否認到底。

　　仔細了解背後原因，才知這些孩子在家中一旦坦承犯錯，就會受到嚴厲責罰，於是在自我保護機制下，慢慢築出一道「否認」的牆。自我防禦過強的孩子，在學校的幹部、模範生選舉或分組活動上，總因人際關係不佳、溝通不良而四處碰壁。

　　至於要如何達到有效溝通？由於情緒左右我們的狀態，所以得從了解情緒開始。

人在快樂時感到身心舒暢；生氣時容易失去理智、把耳朵關上；沮喪時看待世界灰暗無光；明明是擔心焦慮，卻說出隱含怒氣的反話，讓對方誤解，造成情感裂痕。

若能有效溝通，就可以避免不當情緒的引發，因此，確實的覺察自我情緒，對每個人來說都是一件重要的事。

皮克斯公司製作的動畫《腦筋急轉彎》，是我為幫助學生「了解情緒、增進溝通能力」安排的電影之一。我將該片視為一個引子，讓學生練習掌控並把情緒控制在合理範圍內。

體驗情緒的破冰活動定名為「情緒遙控器」。先將同學分組，並上臺表演，由一人控制類似電影裡的大腦情緒控制臺，當他按下「怒」鍵時，另一人就要表現出生氣模樣，按下「樂」鍵，則要表現開心，以此類推。

接著，要求控制方將遙控鍵愈按愈快，怒怒、樂樂、驚驚、厭厭……扮演的同學開始在不同情緒的轉換疲於奔命，此時在臺下觀看的同學，早已經笑得東倒西歪。

演畢，表演者還必須接受同學的訪問。

「被控制是什麼感受？」

「哦，一下要哭，一下要笑，情緒起伏好大，我快累死了。」

「哇，原來被情緒控制是這個樣子，但控制別人情緒，卻有一種快感。」操控者誠實回答。

活動設計輕鬆、有趣，同時讓孩子了解情緒管理的重要。

▎情緒控管從「靜心」開始

多年來我有做瑜伽的習慣,也曾遠赴印度上課,取得瑜伽教師認證。我知道學習控制情緒,必須先練習「平靜」,於是把瑜伽中的「靜心」帶進課堂。在上課前,我一邊請學生盤腿坐在地上,一邊播放寧靜的音樂,然後帶領學生徐徐吸氣、吐氣,再輕聲給予指令。

我請他們想像自己在一個最美好的地方,有同學想像自己在天堂游來游去,躺在白雲上睡覺,眼前的風景如何美麗等。

女生很快喜歡上這種情緒靜心術,「因為這時男生才會變得安靜,而且,什麼都不想,整個人變得好清爽、舒服。」也有同學慢慢發現,當他把眼睛閉上、感官靜下來時,聽覺會變得特別敏銳。這種體會,幫助他們在上課時更加專注。

因為情緒看不見,有天我突發奇想,如果用「吃」來體驗呢?於是設計「情緒餅乾大創客」活動,將同學分成五組,各自代表不同情緒,提供製作餅乾的基本原料,讓他們自行發想,可以加上什麼食材,讓餅乾吃起來呈現情緒的感受。

學生對於能在教室做餅乾非常興奮,也發現原來情緒跟味覺可以彼此連結,例如:怒怒組加了很多辣椒粉與番茄醬,做出紅通通、很好吃的怒怒餅乾!這為他們帶來另一種體會:「生氣也是必要的情緒,發完脾氣,才能讓自己真正冷靜下來。」學生了解到不是什麼情緒都得壓抑,整天快樂也未必好,樂極生悲的例子隨處可見。

　　活動後，我出了一個「情緒諮商室」作業，詢問他們什麼時候像電影裡的憂憂，有不受重視的感覺？那是什麼樣的心情及經驗？許多同學覺得，好像把自己深層記憶區的記憶球再次找出來。

　　雖然電影課要寫很多作業，這些思想與討論對習慣標準答案的學生來說並不容易，但他們都覺得多元、深入及有趣。

▌ 察覺每個人的情緒差異

　　再下一屆，因當時流行桌遊，於是我借用一個名為「勇闖 EQ 神祕島」的操作遊戲，讓學生學習遭遇不同事情時，可以用什麼方式處理。配合電影中 5 個情緒角色，跟同學年夥伴教師討論學生日常會發生的事情，例如「遭遇疫情必須在家上課」、「上臺發言」、「看到毛毛蟲」……把這些事情一一做成卡片，請同學抽卡，看看自己與他人的情緒反應有何差異。

　　相同的事件，有人覺得太棒了，有人卻覺得好煩，有人覺得擔心，有人產生害怕……這個認知活動讓同學開始明白：為什麼要理解自己及他人的情緒？為什麼某些時候要懂得看臉色？因為有些自己無所謂的事，卻是別人最在乎的。

　　同時也結合語文課程，讓學生用平板查出跟情緒相關的成語，並且運用這些成語，寫一篇發生在自己生活中的事件，藉此更明白、梳理當時的情緒起伏。「我喜歡寫情緒作文，好像坐時光機回到過去，從中知道自己錯在哪

裡。」有同學這樣寫道。

　　有一屆的課程臨近母親節，我又設計一個作業「媽媽的腦筋急轉彎」，請同學先寫出媽媽的五個情緒角色，他們出現在哪些時候？之後回家採訪媽媽，相互對照，找出哪些跟自己的猜想相同？哪些相差十萬八千里？

　　有同學非常喜歡這個作業，「因為這樣就不會踩到媽媽的地雷了。」有人發現，媽媽最擔心難過的事，竟然是怕他在學校受傷。在孩子知道媽媽的喜怒哀樂後，我也鼓勵他們向大人說出自己的內心話，以此增加親子間的相互理解。

　　「冷笑話大進擊」也是其中一個亮點活動，目的在於透過幽默感，讓人忘卻負面的情緒。課程進行時，原本我還擔心大家沒有準備，怎知大受孩子們歡迎，踴躍發表到欲罷不能。笑話讓大家忘卻煩憂，看到別人聽自己講的笑話而捧腹時，心中的滿足也油然而生。多元的活動設計，希望能讓學生多些反思、練習，進而在生活中開始實踐。

　　對於日常中常見的親子、同儕、師生溝通狀況，推薦以下 7 部電影，讓大人和孩子一起體會與學習。

體驗活動 1	體驗活動 2	體驗活動 3	體驗活動 4
情緒控制臺	情緒餅乾大創客	冷笑話大進擊	桌球事件簿

《腦筋急轉彎》Inside Out			
美國	2015 年出品	片長 102 分	普遍級

情緒是一種很玄的東西，如影隨形

　　故事講述青春期少女萊莉，因為舉家搬遷到舊金山，無論在家庭、學校或曲棍球課外活動都面臨極大轉變；透過擬人化的樂、憂、怒、厭、驚等 5 個情緒角色，探討身心變化引起的內在情緒管理。藉著情緒在腦中的運作，於科學邏輯結構之下，展開一場驚心動魄的奇想冒險。

｜本片亮點｜

　　片中重點呈現「情緒左右著我們的溝通技巧」，並將難以表達的大腦運作情形，以及科學、心理學等有距離感的專業知識，用豐富的視覺呈現，成為皮克斯動畫的巔峰之作，此片也入圍奧斯卡最佳原著劇本。當樂樂、憂憂進入大腦控制的每一個部門時，也彷彿帶領觀眾進行遊戲闖關，跟著劇情一步步深入探索。

　　導演厲害之處在於，將主角設定為大腦有如狂飆風暴的青春期孩子，配上劇中主角因為搬家而產生適應困難的故事情節，呈現當孩子面臨環境轉換時的內在心路歷程，以及大人該如何跟孩子溝通、互相支持，去度過彼此不

適應的過程，是絕佳的親子溝通案例。

｜值得學習的角色｜

樂樂：很像班上的資優生，許多事情都做得很好；有著強烈的控制欲，但離開大腦總部後，漸漸發現自己並不能掌控一切。雖然常批評憂憂的負面，但也發現憂憂講出來的話有時富同理心且發人深省，帶給別人極大的鼓勵。

從掌控一切的中心人物，到最後願意把舞臺交給別人，是個具有自我覺察、使命必達的角色；也知道在主人萊莉做的決定中，何時該及時剎車，使事情回到原來的軌道。

憂憂：常處於悲傷情緒中，最經典的臺詞就是：「只有哭才能讓我慢下來，沉浸在人生的困境當中。」在自我否定、找不到自我價值時，隨著與樂樂闖關的歷程，無意間讓「幻想朋友」小彬彬再度振奮出場。這個角色讓我們看到了「聆聽」的重要性，聆聽使人感到被理解與接納，最後也讓樂樂學會傾聽自己。

小彬彬：一個令人充滿驚喜、有自己廣告主題曲、眼淚是糖果、可變出無數「完美情人」魔術、被藏在深層記憶區的「幻想朋友」，在最後願意犧牲自己，幫助樂樂逃離垃圾記憶黑洞。此角色讓我們知道，有時「消失」才是真正的「存在」。

萊莉的父母：展現十分正向的親子溝通範例，但面對青春期孩子的多變情緒，從一開始的不習慣，到最後給離家出走又回來的女兒大大擁抱，讓孩子明白父母真誠的擔心。

｜開啟思考的延伸提問｜

● 電影裡有哪些情緒角色，最常在生活中出現的是哪些？你喜不喜歡他們？原因是什麼？

● 除了電影中的五種角色？你還有其他的情緒角色嗎？

師長可以先分享自己遇到挑戰時，大腦裡情緒角色的變化。我和孩子們分享：有一年暑假，我應邀去香港分享電影教學課程，主辦單位提出希望能實際示範一堂教學給老師們看的想法，並真的找來二十多位學生，這件事讓我感到很焦慮。

我形容當時自己的情緒：「大腦裡的控制臺被亂按一通。」我的憂憂說：「如果孩子反應冷淡怎麼辦？」厭厭說：「早知道不要答應就好了。」驚驚說：「啊，我會不會少帶了什麼東西？」怒怒說：「怎麼每次都沒有提早準備好！」樂樂可能會說：「反正去試試看。」

當大人實際分享自身經驗，孩子便會跟著引導，進而分享討論；就有同學回答自己還會出現「呆呆」、「冷冷」、「煩煩」、「急急」等不同情緒角色。

● 情緒是否有絕對的好或壞？他們的優缺點是什麼？有什麼存在的重點？

● 電影中有許多群島，包含：家庭島、友情島、曲棍球島、搞笑島、誠實島？你自己有什麼島？你的幻想朋友又是什麼？

　　以上的討論可以幫助孩子從電影連結自己的日常，例如問：「你的興趣是什麼？」從中幫助孩子創造更多生活趣味。

● 憂憂因為不被重視而哀傷，你是否曾有同樣的經驗？這些經驗還包含哪些情緒？

　　人的情緒通常不只一種，而是混合了喜怒哀樂，才會有「喜極而泣」的形容，例如在考試、比賽時，前面可能帶著焦慮、緊張，當下也許憂心、沮喪，完成時又轉為喜悅。可帶領孩子討論這些情緒從頭到尾的轉折。

● 難過的時候，你希望別人怎麼對待你？你有什麼抒壓的祕訣？

《腦筋急轉彎》
電影預告

《逆光飛翔》Touch of the Light			
臺灣	2012 年出品	片長 110 分	普遍級

我想用自己的方式飛翔一次

　　全盲的黃裕翔被失戀女孩小潔協助過馬路後，原本的兩條平行線開啟了命運的交集，成為彼此療傷與成長的力量。藉由對方及身旁的親友鼓勵，讓兩人更加勇敢追夢，就算逆著光，也嘗試努力飛翔。

| 本片亮點 |

　　為談論「視障」議題的重要電影，對視障人士在求學、生活的困難，皆有細緻的描述，少見的由真實故事主角黃裕翔親自出演。片中也結合其他「臺灣之光」，如由現代舞大師許芳宜客串舞蹈老師一角。

　　電影的美學風格清新，無論音樂、運鏡或攝影視角，都像一幅幅畫作。片頭點字的特效，將「逆光」與「飛翔」兩個不同視角呈現出來，很適合用來進行美感教育。

　　這是一部較不符合觀眾期待的愛情文藝片，獨樹一格的沒有「戀」只有「愛」，為導演張榮吉從紀錄短片「天黑」，因為受到王家衛導演的青睞，延伸發展成的劇情長片；榮獲第 49 屆金馬獎最佳新導演，黃裕翔也獲頒最

佳臺灣電影工作者；2012 年更代表臺灣角逐奧斯卡最佳外語片。

｜值得學習的角色｜

黃裕翔：擁有超凡音樂才華的視障者，將戲裡角色、真實人生與身為演員的詮釋揉合得相得益彰。

「難道我不參加比賽，別人就看不到我了？」「如果我們對喜歡的事情沒辦法放棄，就要更努力讓別人看到自己的存在。」這些都是電影中的難忘金句。

小潔：善良卻習慣委曲求全的女孩，在認識黃裕翔後，從幫助他的過程中得到鼓勵，才敢隻身赴香港參加舞團甄選。她認知到「如果一件事是我們喜歡又做得比別人好，那我們就要有自信，不要怕被別人說閒話」，並以此與黃裕翔互勉。雖然甄選失敗，卻不放棄夢想。

黃裕翔媽媽：深知兒子成長辛酸的溫暖母親，知道「不能陪他一輩子」，願意放開手讓孩子自己去闖。

許芳宜：縱使學有專精、功成名就，也不吝給予追夢的平凡小人物力量。在專業與追夢的教導過程中，表現出堅持的職人精神。

｜開啟思考的延伸提問｜

● 原本短片叫「天黑」，為什麼發展成長片改為「逆光飛翔」？

　　本片的英文名稱叫「Touch of The Light」，可帶領孩子思考：光可以被觸摸嗎？顏色可以聞嗎？聲音又該如何表達？「逆光」如黃裕翔，小潔則像飛翔的蝴蝶，當兩個語詞拼在一起，既符合角色，又呈現出劇情的意象。

● 猜猜看劇中有哪些情節是虛構的？

　　現實中，黃裕翔並沒有小潔這位朋友。為什麼要創造一個女主角？除了悅人眼目的效果外，也使影片不至於成為純勵志電影；影片還虛構一個黃裕翔的陰影，就是小時候參加比賽得獎時，聽到孩童不平說：「評審給他冠軍，是因為他看不見。」成為他之後不想參賽的原因。讓孩子了解，電影情節如何增減能具體呈現故事豐富的面向。

● 從黃裕翔跟小潔的角色互動中，我們可以學習到什麼？

● 只有得獎才會被看見嗎？你們的想法呢？如果你是主角，你會參加比賽，還是認為得獎只是錦上添花？

　　電影讓我們思考：一定要在別人的定義裡追求功成名就嗎？追夢的過程難免產生「是否要符合社會期待」的自我懷疑，但這種想法是否也是逃避的藉口？無論如何，努力克服自我限制，就算結果不盡如人意，也是成長的重

要一環。

● 兩位主角有談戀愛嗎？為什麼電影用比較曖昧的方式呈現？你覺得異性間
　有純友誼嗎？覺得結局的安排是不落俗套，還是留有遺憾？

● 兩位主角用什麼方法讓自己與環境溝通？

　　黃裕翔視覺看不到，所以用音樂來與世界交流，他的情感都透過彈奏的
音樂來表達。逆來順受的小潔在認識黃裕翔後，才發現很多事不用自己獨自
承受，於是願意面對失戀，以及跟母親坦白「不會再給你錢」，下定決心勇
敢去追求自己的夢想。

● 除了主角，你還喜歡電影裡的哪些角色？他們帶給我們什麼樣的學習？

　　例如配角群「施比受更有福」的作為。如果社會裡少了對特教人士的偏
見及歧視，他們是不是就不需要多花時間與精力去處理被干擾的心情，更能
純粹懷抱做夢的勇氣？

《逆光飛翔》
幕後花絮

《虎媽伴學方程式》The New Classmate			
印度	2015 年出品	片長 99 分	普遍級

成功只有兩個關鍵：夠幸運、夠努力

守寡的單親媽媽一肩擔起撫養女兒的責任，但面對人生毫無目標、一心只想玩的女兒，她在雇主的鼓勵與建議下，她選擇走一個極端方式，就是去當女兒的同學，好了解孩子在學校的情形。虎媽與女兒於是展開一段既較勁又互相摩擦的競爭，在彼此看不順眼中，如何一步步翻轉未來的人生。故事讓觀眾看到，有時我們最好的老師，是自己的同學；最好的同學，是自己的媽媽。

圖片提供／飛行國際

| 本片亮點 |

　　少數不唱歌、不跳舞的寶萊塢電影，也不用複雜劇情、炫技的電影語言及敘事結構來煽動觀眾情緒。情節刻劃出印度社會的質樸與善良，並充滿富人生智慧的金句，適合正面臨學測壓力、不情願念書、覺得數學很難，以及對人生未來迷惘的學子。

　　此片特別適合在母親節觀賞，看虎媽如何透過堅持與母愛的力量，打破母女間的僵局，也讓彼此有換位思考的學習。

| 值得學習的角色 |

　　虎媽：劇中最動人及強悍的角色，常以「撂狠話」的模式來跟女兒溝通，但她的堅持、犧牲與努力，就是希望孩子可以翻轉處在社會底層又無資源的命運，讓女傭的女兒不再是女傭。

　　面對得過且過、不想為人生負責、拚命找理由的孩子時，她就算假日也要工作，依然忍受狂風熱暑及身體不適去上學，是一位外表看來頑固，卻不願認命的母親。因為她清楚現實的殘酷，「教育」才是翻轉窮人命運的機會，而她唯一的希望，就是女兒。

　　醫師娘雇主：具智慧又待人溫暖，把擔任女傭的虎媽當家人般疼惜，除了適時給予孩子教育的建議，還親自出馬，帶著虎媽去找校長，不惜用揶揄的方式，讓校長接受這位學生。

　　劇中透過她的口，講出許多重要、發人深省的臺詞：「成功的關鍵只有兩個，要麼夠幸運，要麼夠努力，如果她兩個都沒有呢？」但也懂安慰憂心的虎媽：「阿佩莎如果可以通過國三的大考，她以後想做什麼都很好。」

　　怕自己離開時，虎媽經濟出狀況，主動預支三個月的薪水給對方，是一位有能力、不吝惜給予的長者，也是虎媽生命中的「貴人」。

　　地方首長： 底層出身、親民的地方官員，就算當上首長依然保有初心，再忙碌也願意接見市井小民，並以自己的歷程來鼓勵底層，帶給他人向上的力量，是許多政治人物的借鏡。

　　校長： 也是學校的數學老師，雖然有點官僚氣息，但願意嘗試改變，因此翻轉自己為人師表的成就。

　　「做任何事永不嫌晚」不只是他掛在牆上的座右銘，後來他也成為起而行的實踐者。

　　數學天才同學： 深知貧窮的不易與艱辛，也知哥哥辛苦工作供他念書，因而特別努力用功，也不吝惜傳授虎媽女兒學好數學的三大祕訣。

｜開啟思考的延伸提問｜

● **你覺得中文片名取得好嗎？**

　　英文片名叫「The New Classmate（新同學）」，中文片名的「虎媽」凸顯主角性格，「伴學」點出學習方法，「方程式」則暗喻數學與人生的連結。我們可以帶著孩子一起討論，從片名中找出更多連結跟象徵。

● **數學是你頭痛的科目嗎？你如何和它做朋友？**

電影裡教授學習數學的哪些祕訣？從中觀察孩子有沒有把影片中的細節放進心裡，包含：答案藏在題目裡、把敘述圖像化、利用聯想關鍵字記憶，懂得技巧後，最後還要「精熟練習」。

● **電影中，這對母女用什麼方式彼此溝通及關愛？你可以接受爸爸或媽媽來學校跟你一起上課嗎？**

讓孩子知道，必須透過認真的學習，夢想才有可能成真，也才能創造更多未來可能性。相信在討論中，孩子們會有許多妙趣橫生的回答。

● **找出電影裡「撂狠話」的溝通對白，並從劇中的親子關係回頭看自己，爸媽為你做過什麼印象深刻的事情？你有沒有為家人做過什麼事？**

情感的連結與溝通，應該是雙向累積，而非只有單方面的索取或給予。孩子如能從小理解和實踐，就是人生莫大的福氣。

● **電影中有哪些貴人？他們用什麼方式來幫助這對母女？你生活中有遇過哪些貴人？他們給你什麼協助，讓你產生什麼改變？**

● **電影裡除了親情、考試之外，還有其他的議題嗎？**

例如暗批印度的種姓制度、階級差異懸殊與不平等。在華麗絕美的泰姬瑪哈陵之外，還有多少平民百姓，得花多少力量才能往上爬？這也是為什麼

阿佩莎曾認命的說：「窮人沒有資格做夢。」

● 你們覺得人生的圓夢方程式是什麼？你喜歡電影的結尾嗎？如果是你，會
　怎樣改寫？這部電影帶給我們什麼反思？

　　也許片中虎媽看重「讀書」的結局太過夢幻，對人生成功的定義流於樣
板，但結尾字幕告訴觀眾，虎媽在孩子長大後，改為免費教導窮人數學，她
的不功利令人敬佩。

　　阿佩莎最後免於當女傭而成為地方首長，從這個角度來看，弱勢底層想
要翻身的唯一機會就是「教育」。正因弱勢缺乏資源，虎媽才會如此拚命，
想盡一切辦法要女兒好好讀書。

《虎媽伴學方程式》
電影預告

《女孩說好只打臉》Fight Girl			
荷蘭	2018 年出品	片長 84 分	保護級

頭腦和肚子並用，才能成為真正的老虎

圖片提供／飛行國際

　　衝動的波蒂跟弟弟達尼，隨著母親搬到阿姆斯特丹郊區展開新生活。面對新環境與父母離異，波蒂的身心狀況大爆發，她對老師比中指，對家人口氣很差，覺得自己的人生四分五裂。

　　偶然之下，她認識鄰居裘伊，裘伊帶她去拳館踢拳，讓她找到新的生活重心，也嶄露拳擊天分。

　　但她既要照顧有糖尿病又內向的弟弟，也要上離婚法庭接受法官問話，在各種壓力下，她必須從隨時爆發的怒氣

中，平衡衝動的情緒，學習自我控制，為自己差勁的行為道歉，好替自己爭取出賽的機會，贏得漂亮的勝仗。

｜本片亮點｜

　　用青春期孩子視角，真實呈現出現代社會愈來愈多的家庭模型，並直指在父母離異下，孩子面臨的困境及憤怒心態的調整。其中也包含近年教育圈不斷談論的「社會情緒智能（Social Emotional Learning）」。

　　電影寫實描繪滿腹憤怒與委屈的青少女，想要衝撞體制的身心狀態，如同給家長的一面鏡子，反映出大人在對待問題及處理事情的鴕鳥心態，此片在打破性別刻板印象，同時帶領觀眾誠實面對內心，以及擁有承認錯誤的勇氣。本片也很適合給從事體育競技的孩子觀看，帶他們覺察情緒內在變化、學習危機處理，以及比賽現場的應變能力。

｜值得學習的角色｜

　　裴伊：一個內心充滿溫暖與愛的女孩。在波蒂帶著怒氣與外界衝撞時，她就如同波蒂的拳擊手套，扮演一個軟硬適中的介質，平衡與舒緩了波蒂的情緒。

　　雖然生長在不順遂及喪母的環境中，但敢於提醒波蒂不當的打人行為：「你會讓踢拳蒙羞，讓大家以為我們和你一樣失控，但我不想成為也不是那

種人。」又具成人之美，樂於與他人分享，將自己好不容易得到的出賽機會讓給波蒂。

女教練：一個技術高超又嚴格的指導者，教導的不僅是技術，還包括身心的修為。真正厲害的拳手，不是失控躁動的瘋貓，而是睡眠充足、身心安定，靜待時機而出的「老虎」。

她的堅持，逼波蒂不得不面對自我，並真誠為自己失序的行為負責。導演高明的找黑人演員來扮演，除了破除一般刻板印象外，也顯示荷蘭打破種族藩籬與多元文化的一面。

老虎：從頭到尾沒有具象出現的動物，卻扮演電影中舉足輕重的角色。牠不會浪費體力，只會在旁靜靜觀察，懂得控制自己及別人，等候時機，一舉成擒。清楚知道利用怒氣的力量，在於先控制自己的頭腦。

｜開啟思考的延伸提問｜

● **電影中以「頭腦」與「肚子」做怎樣的比喻？**

教練一開始告訴波蒂：肚子是力量的來源，頭腦則是掌控行為的主宰。能夠運用肚子加上頭腦，才成為完整的「老虎」。但憑直覺、不經頭腦的行事，往往易惹人不悅，唯有頭腦與肚子並用，才是真正的厲害。肚子跟頭腦的關係左右著電影最後的結局，顯示出「當二者合一時，展現的力量，將比只用肚子強大十倍」。

● 為什麼劇中安排波蒂養竹節蟲？

　　竹節蟲就代表波蒂與達尼，他們隨著母親搬到新環境，如同飼養的竹節蟲一樣，被大人無情的從一地帶到另外一地。因此波蒂才會生氣的跟媽媽說：「如果牠們死了，是你的錯。」可惜媽媽沒有接收到其中涵義。

● 本片傳達哪些「運動療法」的訊息？女主角從中出現哪些改變？

　　從波蒂練拳過程中，可以看見她的心態轉變，雖然一開始像野獸般狂暴，但在競技場中，藉著呼吸、吐氣的身心靈合一，展現運動修身養性的功效。厲害的教練可以幫孩子不只有體力宣洩、競技學習、團隊合作，還能進一步影響生活，找到生命中的規律感。

● 電影中的親子關係為何如此緊繃？在法庭戲中，導演用了哪些細緻手法來呈現？

　　導演真實描繪極欲破繭的青少年想被當成大人看待的心，但大人有許多自己的擔心、困擾與情感問題，煩心忙碌到無法關注孩子的內在。

　　法庭戲中用時鐘的特寫、聲音的處理或慢動作人物特寫，展現波蒂「已經受夠了」的煩躁。她最後丟下一句：「爸爸媽媽你們的爭執自己打一架好了！」用以表示「別煩我，我要去處理自己的事情了」。

● **真心誠意的道歉有什麼意義及價值？**

　　這是整部片最精采之處，從中看見波蒂真正面對自己偏差的行為，並負責的真誠道歉，讓身邊朋友願意諒解並幫她說話，也為自己爭取到最後的上場參賽資格。

　　波蒂從一開始的極力撇清：「沒有對人家怎樣，是他們先攻擊我弟弟。」然後是：「好，我只打他一下。」「好吧！是一拳。」「我又踢了一腳。」直到教練表示：「失控的人不屬於這裡。」她才說出自己的感受：「我必須去幫助所有的人，我媽假裝一切都沒事，我爸又很自私，達尼是個小寶寶，我需要去照顧他，我只想幫他做一件好事，結果大家都討厭我。」

　　承認自己如此悽慘不是件容易的事：「我什麼事都不順利，除了踢拳以外。我知道我要冷靜、控制自己，但這好難，所以我才會來這裡。」

　　道歉不是一句廉價的「對不起」，如何讓孩子真誠面對錯誤並學習負責，進而改變自己，是這部片帶給觀眾最重要的訊息。

● **如果你是教練，你會不會原諒波蒂？**

《女孩說好只打臉》
電影預告

《今天也要用便當出擊》Bento Harassment			
日本	2019 年出品	片長 106 分	普遍級

以便當為武器，幽默當催化劑

　　故事講述忙碌的單親媽媽，面對叛逆期的高中小女兒總是以手機訊息做為日常溝通，在快被逼瘋的狀態下，想了一個致命絕招，就是發揮專長，製作各種讓女兒討厭的造型便當，來傳遞媽媽的怨念、心聲，以及對孩子的期許，強迫女兒跟她面對面說話。

| 本片亮點 |

　　故事背景位於東京八丈島，在自然純樸的鄉下美景中，以輕喜劇方式描述單親家庭的悲歡歷程。親子經歷家中男主人離世後產生的孤寂與傷心，並未隨著時間過去而完全復原。

　　由冠軍部落格真實故事改編，呈現親子間代溝的形成、母女間特別矛盾又親密難解的情感摩擦，還有單親家庭成長的辛苦。此片用食物做為另類的溝通方式，探討親子間彼此了解與相處的困難，也梳理出需要整理及修復的地方。

｜值得學習的角色｜

單親媽媽：愛管孩子閒事，會暴怒，也有情緒，常「以其人之道，還治其人之身」，並非溫良恭儉讓的慈母，但堅持親手為孩子做三年的便當，而且每天變換不同花樣。就算孩子叛逆，惹自己生氣，她也不惜犧牲健康，去了解並找回孩子的心。

雙葉：「刀子口，豆腐心」的小女兒，常一出口便讓媽媽受傷，其實內心仍留有喪父後的悲傷孤單。因擔起生計的媽媽忙於工作，使她長期落入心事說不出也無法分享的苦境。透過給媽媽的書信，終於得到相互了解與支持的力量。

寬太：努力朝夢想邁進的陽光男孩，是雙葉一直暗戀的男生。對比正向、上進的寬太，迫使雙葉正視對未來毫無想法的自己，跨出過去的傷痛，生出追求未來夢想的動力。

岡野信介：願意學習、修正也充滿關愛的單親爸爸。因為看了單親媽媽的部落格，學習為兒子做便當，卻用力過猛而適得其反，最後認知到「聆聽孩子的真正想法」才是改變親子關係最好的溝通方式。

｜開啟思考的延伸提問｜

● 電影裡「愛的便當」有什麼創意與特色？哪些讓你印象深刻？

　　例如貞子的怨念便當，還有畫上橫線的填字、留言便當，讓同學一起猜

謎。最後的畢業大便當，裡面竟然出現獎狀，都充滿創意。

　　女兒最後的暴哭，來自於長期犧牲睡眠，做了三年便當的母親，竟然因感謝女兒「願意吃下去」而頒獎，讓即將步入社會，終於成長的女兒，真心體會媽媽的難處。媽媽的反向操作也凸顯出，維繫家庭親子的情感，遠勝過一切。

● **便當裡面有哪些不變的基本菜色？這些菜色代表什麼？**

　　海苔、番茄、花椰菜……這些菜的功能除了留言外，還兼顧視覺、營養與味覺，都是餵養孩子健康長大的證據。

● **說說自己家中的溝通方式是什麼？你覺得有效嗎？**

● **有效溝通是雙向的，當溝通無效時，我們有沒有想其他更好的方式來跟大人溝通？**

　　媽媽生病的劇情雖然有些煽情，但也讓雙葉開始檢視自己為家庭的付出。在一直獲得的同時，想想自己又付出了多少？身為一直得到，而且把別人的付出視為理所當然的一方，是否也沒有把心打開、把話說出來？

● **為什麼劇中要放入另一對單親父子家庭？這是要表現什麼？**

　　故事一直放在母女身上，久了觀眾會覺得單調、煩膩。加一對父子做為對照組，可平衡性別的不同觀點，而且產生「單親爸媽是否會有情感發展」

的聯想。非主線的元素，可豐富整個劇情，做為對照負面教材，也提醒觀眾注意，事情有多種面向，成功與失敗可能並存。

● **另還有哪些電影也和便當有關？**

《爸爸的便當是世界第一》，日本：來看爸爸的便當有何不同。

《美味情書》，印度：得見印度有趣的送便當文化。

《史丹利的便當盒》，印度：從菜色反映印度社會的階級差距及人性溫暖。

《今天也要用便當
出擊》電影預告

《X + Y 愛的方程式》X+Y			
英國	2015 年出品	片長 111 分	保護級

世界上最難解也最簡單的習題

圖片提供／捷傑電影

　　有自閉症傾向的納森，從小無法跟外界溝通，經歷父親的死亡車禍後，只能在數學世界裡找到歸屬感。

　　他跟著英國奧林匹克數學團隊一起到臺灣參加集訓之後，遇到來自中國的女孩，使得原本封閉的心房漸漸被開啟，找到愛的方程式的解答。本片是導演從自己的紀錄片改編而成的劇情長片。

| 本片亮點 |

　　一部成功行銷臺北的電影，編導深入看見臺北的特色與景點，並巧妙編入情節當中。影片討論資優教育，當家庭出現資優生時，父母該如何教育？同時挖掘出資優生家庭背後不為人知的祕密。

　　影片也點到青少年的情感，面對愛的初體驗的惶惑，是一部探討青少年戀愛的好教材。在奧林匹克數學競賽的進行歷程，在親子之間，父親與母親在溝通上顯示出哪些不同的映襯效果？最推薦的一點是，影片很深刻的帶領觀眾反思：什麼才是人生最重要的比賽？人生最重要的解答？人生真的有標準答案嗎？

| 值得學習的角色 |

　　納森：高官能自閉症者，有多種強迫症狀與固著特質，某些表達方式讓人討厭，卻非故意。經歷父親死在身旁、太過血淋淋的車禍，對他著實殘忍也令人心疼。因為找到愛情，他才破解封閉，找到與別人和解的方程式。

　　納森媽媽：善解人意、微笑中帶著堅強、生命力旺盛的母親。在喪夫、與自閉症兒子溝通的困境中，找到自己的生活節奏，並耐心等待孩子有一天主動靠近。為了讓孩子發笑，就算在餐廳裡，也不計形象把薯條塞進鼻孔，只求孩子願意跟她敞開心扉的對話。

納森爸爸：善解人意、懂得解決問題的父親。從醫生敘述「自閉症」的特質中，抓到重點來肯定孩子，告訴孩子雖然他會遇到困難，但也擁有別人所沒有的特別能力。他會逗孩子開心，成為孩子接受的大人。若家中有特殊孩子，特別值得學習其教養方式。

數學老師：本身帶著疾病，相對幽默、豁達，不追求世俗成就，願意成就他人。他告訴納森：「我們有時不得不做自己不喜歡的事。」成為此片另類的指引。知道自己無法成為數學界成功的學者後，轉而成為指導學生的老師，並希望學生衷心喜愛數學。

張梅：個性主動、勇敢追愛的中國數學資優少女。當察覺納森出現強迫、固著行為，以輕鬆的方式（例如吃掉一顆蝦球）拆掉了地雷。她的愛成了快速打開納森心房的強效藥。

路克：也是數學天才，但家庭教養與納森呈現對比的角色，成為資優生家庭在孩子參賽、追求榮光路上血淋淋的教訓。他不喜歡數學，面對內在衝突，只能透過自我傷害來緩解壓力。總是故意做出討人厭的行為，只為保護自己，卻是納森關心、交談過的對象。

數學：電影中重要又有趣的角色，讓許多人討厭又害怕。它需要很多理性邏輯的分析，卻難以計算不可量化的愛情、親情和友情。究竟是它比較複雜，還是人生？它是競賽中無止境追求的艱深學問，還是單純解決生活的應用？

｜開啟思考的延伸提問｜

● **從電影中可以看到哪些臺北的場景？**

西門町、捷運站、紅樓、大同高中、寧夏及華西街夜市、已歇業的京兆尹餐廳、塔悠路與南京東路交叉口、麥帥圓環高架橋下……。對照《露西》出現的刻板城市印象，本片呈現生活風格化的臺北，確實讓臺灣觀眾特別又驚又喜。

● **這些場景有什麼意義？**

臺北的車水馬龍、街邊小販、霓虹燈招牌，都凸顯納森的視角，他對圖案及色彩的高度敏感，象徵面臨人生方向的迷惘，以及朦朧惆悵的心情。有些模糊不清的形象，成為電影中特別的美學。

● **影片中可以看到納森有哪些固著行為？**

與爸爸相處過的東西、質數、對待媽媽的態度……。

● **愛的方程式該如何解答？電影中的 X ＋ Y 有哪些涵義？**

愛簡單還是複雜？是直線還是曲線？是二元一次方程式，還是無解的答案？X 與 Y 代表數學、兩個角色、男女、兩個城市、特殊跟一般，可以是兩種極端，也可以是同中有異。在解答愛的方程式中，數學反而成為了一門藝術。

● **電影中有什麼巧妙安排的政治涵義？**

　　從英國教練來臺跟學生說「行李要自己拿」的話語，裡面是如何提到臺灣與中國的，某種程度凸顯我們的處境，卻可以用「軟實力」讓國際看見。

《X+Y愛的方程式》
電影預告

《花漾奶奶秀英文》I Can Speak			
南韓	2018 年出品	片長 118 分	保護級

說一句對不起，有那麼難嗎？

　　故事敘述讓公務人員聞之喪膽的正義魔人羅玉芬奶奶，多年來針對自身所處的菜市場，共投訴了八千多件案件，讓區公所職員頭痛不已。

　　羅玉芬為了要學英文，與新來的菜鳥公務員產生交集。看似不同年紀與階層的兩人，因為對正義的執著，發展出如家人般的情感。

　　玉芬想學英文，來自於曾當過慰安婦的悲慘遭遇，這個不能說的祕密，牽動著整個二次大戰的敏感神經，以及日韓兩國的衝突。隨著摯友生命即

圖片提供／輝洪開發股份有限公司

將逝去，玉芬決定替友人踏上美國法庭征途，大聲用英文作證，提出嚴正的控訴。

｜本片亮點｜

韓國這幾年發展出的厲害片型，混合歷史與真實人物，把硬邦邦的歷史教材或新聞事件拍得栩栩如生，再混合喜劇元素，讓觀眾在輕鬆觀影中，慢慢進入事件主題，進而更想去研究電影與原故事的差別。

這部片將沉重的歷史題材經過動人的轉譯，讓人看著、笑著，然後就哭了，在商業與藝術間取得很好的平衡，而且後座力強大。片中老奶奶懷抱強大的學英文動機，只為了向外界溝通與控訴一段歷史的黑暗。藉著學英文的過程，也顯示了很多學習外語的訣竅，這些教學法很值得老師參考。

｜值得學習的角色｜

羅玉芬：是位七十多歲、愛管閒事又囉嗦的正義魔人，她把經歷過的歷史傷痛，轉換為監督政府的公共投訴，看似討人厭，卻是希望維護大家的權利，讓人擁有更好的生活。俠義精神讓她走上美國法庭，為曾經一起受難的姊妹大聲疾呼。

朴民載：看似冷漠、一板一眼，卻沒有踢皮球心態的新來公務員。在發現羅玉芬暗地裡照顧著高中生的弟弟時，卸下冷漠，開始關注弱勢，與羅玉

芬成為忘年之交，並在羅玉芬踏上美國法庭，遭日本律師質疑她為假慰安婦時，為她在韓國社會發起連署並大力奔走。

　　李在仁：個性溫柔、堅毅，不但是羅玉芬在慰安集中營的摯友，也是救命恩人，擁有讓人在絕望低谷中看到希望的溫暖力量，也是讓黑暗歷史獲得平反並留下印記的重要推手。

圖片提供／輝洪開發股份有限公司

| 開啟思考的延伸提問 |

● **電影中公務人員的形象，與我們日常所見有哪些呼應的地方？**

在文林苑強拆、苗栗大埔案、臺南鐵道東移、搶救藻礁的抗爭事件中，政治人物、民意代表的說法與角度，為什麼與人民產生歧見？導演也批評國會的政治亂象，親切之中，也讓觀眾有五味雜陳的心情。

● **從學習英文的切面，想帶進什麼更深入的議題？**

一句簡單的「How are you？」並不是英文課本裡的教材，而是玉芬與民載忘年之交的開端。簡單有禮的問候，是拉近人與人關係的方法，也讓社會更溫暖。

● **電影裡的角色如何與自己溝通，達到自我和解與療癒？**

面對傷口需要勇氣，特別是不堪的過往，我們需要原諒並擁抱自己，並且告訴自己：「你沒有錯。」

● **從電影中，看到慰安婦遭受什麼樣的待遇？日本為什麼不願正面面對？**

記錄慰安婦故事的電影，在韓國還有《她們的故事》，臺灣則有紀錄片《蘆葦之歌》。現在韓國慰安婦剩三十幾位，臺灣僅剩兩位，但我們的歷史課本並無太多紀錄。

本片故事原型來自李榮珠女士，之後在韓國積極要求下，於朴槿惠總統

時代，日本撥出十億日圓做為補償的「和解療癒金」，但是慰安婦沒有得到想要的正式道歉，日方也僅強調是治癒金，連帶讓南韓人民對自己政府的作為感到不滿。

《花漾奶奶秀英文》
電影預告

延伸片單特搜

1、《時光髮廊》Romy's Salon
荷蘭｜2019 年出品｜片長 86 分｜普遍級
小女主角蘿米與外婆之間的世代隔閡，卻因「阿茲海默症」催化為感人至深的奇異恩典！記憶終將遺忘，唯有「愛的能量」在時空中永恆存在！

2、《護墊俠》Pad Man
印度｜2018 年出品｜片長 137 分｜普遍級
真人真事改編的傳記電影，「衛生棉製造機」的發明歷程，讓觀眾拍案叫絕；末段主角在聯合國發表演說的絕妙鋪陳，是臺灣推動「雙語國家」素養導向的必看指標。

3、《我和我的冠軍女兒》Dangal
印度｜2016 年出品｜片長 161 分｜普遍級
呈現運動勵志和國族光榮的熱血沸騰，融入真實故事的父女親情（或解讀為父權）與女性主義，讓人有如同投入在動作片一般的緊張刺激，又被深深感動！

4、《爸媽不在家》Ilo Ilo
新加坡｜2013 年出品｜片長 100 分｜保護級
細膩的小品，卻兼備品質、品味、品嚐，給媽寶、妻寶、傭寶很好的生命提點。誰傻瓜？誰聰明？沒人說得準，生命難過，卻都要學習好好過！

5、《俗女養成記》The Making of an Ordinary Woman
臺灣｜2019 年出品｜目前兩季共 20 集｜普遍級
穿梭在現代與過去時空，呈現臺灣六年級女性在生涯與職涯的十字路口，如何以詼諧的態度與自己和解、和家人溝通，改寫屬於自己的幸福人生方程式。

6、《隱藏的大明星 》Secret Superstar
印度｜ 2017 年出品｜片長 155 分｜普遍級
追求夢想的道路上，給予支持與守護的人是母親，在痛批印度父權體制下，也期待女性們挖掘出更多做決定的勇氣！

7、《日常對話 》Small Talk
臺灣｜ 2017 年出品｜片長 89 分｜普遍級
臺灣第一部獲得柏林影展泰迪熊獎的最佳紀錄片，導演拍攝自己母親的生平事蹟，看似日常對話卻隱藏不能說的祕密，在超度自身傷痛中，帶給觀眾更深層的生命對話與療癒能量。

8、《陽光普照》A Sun
臺灣｜ 2019 年出品｜片長 155 分｜輔 12 級
最親愛的家人，有時也是互相傷害的敵人。分崩離析的家庭如何重新修復情感？因為我們都曾受過傷，才能成為彼此的太陽！

9、《后翼棄兵》The Queen's Gambit
美國｜ 2020 年出品｜共 7 集｜輔 12 級
孤兒院女孩如何在西洋棋天賦與藥癮中平衡人生？在失控與壓抑中覺察自我？與繼母、孤兒院好友、比賽夥伴的扶持互動，才是成就人生昂首闊步的生命之歌！

10、《性愛自修室》Sex Education
英國｜ 2019（第一季）目前三季共 24 集｜輔 15 級
討論青少年成長過程與「性」相關的疑難雜症，以幽默方式倡導性知識、性自主。大膽不做作的情節和畫面獲得好評，也讓部分大人連連咋舌。

_____年_____班／座號：_____姓名：_____

我的情緒大解密

每個人都有獨特的個性和記憶，你的腦中有哪些個性群島呢？
請畫出或寫出上面的景色、人物或物品吧！

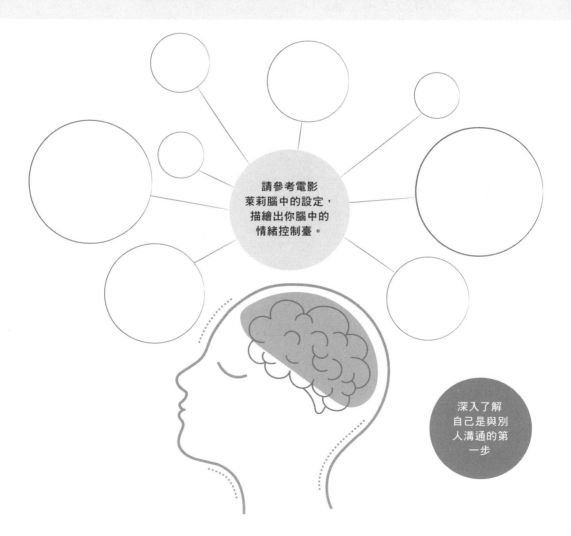

請參考電影萊莉腦中的設定，描繪出你腦中的情緒控制臺。

深入了解自己是與別人溝通的第一步

_____年_____班／座號：_____ 姓名：_____

冰山下的悄悄話

心理學家薩提爾提出知名的「冰山理論」，
說明人們的溝通方式，呈現外在行為和內在想法的差異。
現在我們分析電影角色、自己及身邊人的冰山，到底藏有什麼悄悄話呢？

母親 晨姐	其他角色		我自己	我身邊
母親憤怒的說：「再說一次想當女傭，我就再給你一巴掌！」		行為		
母親覺得對女兒的苦心沒獲得回報，她居然每天賴床、上學遲到。		感受		
女兒覺得醫生的孩子當醫生、女傭的孩子當女傭，這樣很正常。		觀點		
母親希望女兒有好成績進而出人頭地，不要像她這麼辛苦！		期待		
母親希望自己的期盼可以獲得女兒的認同和接納。		渴望		
母親認為自己只是女傭，不如別人，女兒就是她的夢想。		自我		

_____年_____班／座號：_____姓名：_____

雙重角色真心話

我們從電影中看到許多角色都表現出暴躁叛逆的行為，
其實他們的內心也許有不為人知的辛酸和痛苦，你發現了嗎？

角色及畫像	外顯模樣和行為	內在心情和故事	轉變契機
姐姐波蒂			
弟弟達尼			
其他（　　）			
我自己			
我發現原來每個人……			

「肚子加頭腦才是完整的老虎。」學習吸氣吐氣，保持冷靜，為自己的人生而戰！

創造力
Creativity and Implementation

知識常常力有未逮
想像卻能浩瀚無垠
開啟被塵封的記憶寶盒
釋放每個人與生俱來的創造力

啟動想像力爆發
的宇宙

　　無論哪種教養派別或翻轉教育理念，「創造力」都被視為現今、甚至未來教育中非常重要的一塊，也是培養新世代孩子重要的核心素養。愛因斯坦說：「想像力遠比知識更加重要。」知識是有限的，想像力卻是無窮的，也是人類得以進化的泉源。

　　孩童的腦袋如同「小王子」的世界，是想像力爆發的宇宙。從想像力到創造力的過程，有如脆弱的玫瑰，若得不到細心的呵護，就容易在制式的環境中枯萎、消失。許多歐美國家很早便意識到，創造力是國家未來有力的競爭力，因此紛紛制定政策，從孩童教育開始培養。

▋ 電影跨界的主題書展

　　創造力可以經由不斷練習而養成，當我們看了許多富有創造力的作品，發現 A ＋ B 不一定是 C，1 ＋ 1 也不一定等於 2 時，便啟發許多創意空間。但這是一段辛苦的路程，在孩子的創造力教育上，需要大人更多的理解、包容，並且提供彈性的空間。

　　兩年前，學校圖書館舉辦一個「布客與幕薇」的主題書展，命名是取自書與電影兩者的英文音譯，先將圖書館中的原著找出來，我也自掏腰包買了許多家用版電影 DVD，讓學生把兩者一起借回去，透過觀影來推動閱讀樂趣。

　　在辦展前，我們也從了解基本的電影原理，做跨領域的知識統整，再依「不同文本比較」、「理解電影原理及類型」及「實際閃卡操作」三個重點，設計出四道闖關遊戲。

　　第一關「故事比一比」：校長特別錄了一段繪本音檔，學生在聽過校長唸的「奇蹟男孩」後，搭配看電影預告，找出兩者在角色、象徵或劇情上的差異。

　　第二關「電影動起來」：則製作了一個電影魔幻輪，在快速播放下，利用視覺暫留原理，產生畫面連續效果；並且請學生閉上眼睛，看看圖案有沒有停留在眼簾上。

　　第三關「電影放大鏡」：我去戲院索取許多不同類型的海報，請孩子觀察海報設計，推論是哪種類型的電影？不同類型的海報會出現哪些設計元素？在這個遊戲中，我們也介紹學生比較少接觸的紀錄片或臺灣電影。

　　第四關「電影手作趣」：則是讓學生製作電影閃卡。在閃卡兩面畫上圖，隨著兩邊串起橡皮筋的轉動，讓圖案產生「動起來」的效果。

▌神隱少女大變身

由於學校把《神隱少女》列為四年級必看的電影，該片深具想像力及創意，藉由誤闖異世界少女的冒險故事，呈現既古老又新穎的宇宙觀。這段搶救爸媽的冒險，不僅是主角蛻變長大的歷程，同時也呈現許多日本傳統文化。

看完電影，我們設計一場名為「小記者養成記」的活動。首先，孩子就食、衣、住、行、育、樂分為六組，先從平板上查找日本六大主題相關資料，接著擬出至少五題的訪談問題，稍做練習後，下課則去訪問老師、同學或家人。訪談完畢，就將內容撰寫成新聞稿，最後請同學上臺當主播，播報給大家聽。

這個集結了團隊合作、媒體素養，語文練習、行動學習等活動，整整花了我們 10 節課才完成，卻是孩子們津津樂道的統整課程。

▌激出潛能的創意變裝秀

另一項活動，則為兩年舉辦一次的「電影變裝秀」。我們請學生從學校開的 30 部電影片單中挑選扮演角色，以個人或分組、親子共同或跨班合作等方式在紅毯走秀，最後可演出一小段電影情節。

我們班有學生演出《舞動人生》裡的跳舞橋段，幾個男生身穿緊身服，

繫上用皮帶、鐵絲、布料及塑膠袋做出的芭蕾舞裙，自編一段舞蹈上臺表演。他們克服「恥」度，也實踐了電影中的精神，獲得「最佳啟示獎」。

　　另一組同學則模仿《三個傻瓜》中主題曲的歌舞場景。三人拿著掃把、水桶，戴著假髮、包著浴巾進場，邊掃邊跳邊耍寶。最後還故意讓浴巾掉下來，把大家逗得瘋狂大笑。

　　有較為內向的學生，為贏得榮譽，突破框架、犧牲色相。他們穿上泳褲，再包上尿布，最後以背對觀眾定格，秀出尿布上貼著的 All IS WELL 做收尾，效果滿分。All IS WELL 是電影主題曲名，想出這個點子的是班上成績不突出的同學，為他們爭取到「最佳創意獎」。

　　活動的意義是讓孩子明白：創造力的展現，不只存在於紙本的測驗成績上。想出收尾點子的同學雖沒上臺，也被我加了許多鼓勵點數。

　　在以「創造力」為題的推薦電影中，我選出不少從文學作品改編，以及大量電腦特效製作而成的電影，高科技的特效可將想像力更具體、視覺化的呈現出來。希望看完電影後，孩子有更多興趣回頭閱讀原著，進而同時享受動態與靜態文本的雙重樂趣。

體驗活動
《三個傻瓜》電影
變裝秀

體驗活動
「布克與幕薇」主
題書展

《小王子》Little Prince			
法國	2015 年出品	片長 108 分	普遍級

只有用心去看，才能看到真實

　　故事敘述被媽媽強迫用功、按表操課的小女孩，生活在彷彿工廠生產線般的社區中，居住的房子、生活作息，都井井有條。在制式要求下，小女孩有著只能跟著規定行事的無奈，直到隔壁的飛行員爺爺，不小心駕著飛機撞破她家圍牆，終於讓她的世界出現破口。

　　這個破口，成了改變她人生的出口。小女孩與爺爺口述故事中的小王子，掀開了女孩與之交錯、打破僵化生活的冒險故事。

｜本片亮點｜

　　該片在改編劇情中融進原著，看似簡單，但寓意深遠。利用電腦 3D 技巧結合手繪紙雕的停格技術，有別於一般的電腦動畫。因精美紙雕技術的加入，使得畫面有如繪本般夢幻動人。原著小說成了帶領觀眾進入改編劇情的入門，二者交融、相互映照，得見更深沉的人文涵義。

圖片提供／傳影互動

| 值得學習的角色 |

小女孩：聰明、伶俐、有自己的想法，卻被大人限制在固定的生活框架中，當一個聽話懂事的乖寶寶。隔壁爺爺撞破她家圍牆後，觸發她生活的改變。受小王子故事的啟發，開始嘗試冒險，並從中得到成長。

導演特別用女孩的角色，去平衡小王子故事中較偏男性視角的差異。讓大人反思，小時候的自己是否也充滿可能，卻被成長中的規定所限制？

小時候及長大後的小王子：加入編導創意後產生的對照組，成為劇中重要的角色設定。原本住在 B－612 星球的小王子，感性、具想像力、同理心又勇於冒險，會到不同星球去觀察體驗，並提醒我們：真正重要的事物，是肉眼看不到的，除非有心。

長大的小王子成了清潔工，隨波逐流，依附主流價值而活，生活得過且過。小時候與長大後的小王子同樣拿著掃把，前者是掃掉危害星球的植物，後者則成了為生的工具。

隔壁爺爺：小王子原著中已邁入老年的飛行員，將年輕時刻骨銘心的記憶及經驗化為力量，成為智慧的長者。依舊童心未泯、夢想不滅，勇敢衝撞體制，只是有時難免闖禍。

｜開啟思考的延伸提問｜

● 這部電影與一般動畫，在表現上有哪些不一樣的創意手法？屬於修辭中的哪一種？

　　紙雕呈現了過往的故事，現代的部分則使用 3D 電腦動畫，兩種不同技巧卻無違和的融於一體。電影中看到導演使用許多「映襯」的創意：性別、年齡、地球與外太空、保守與突破……這些對比讓影片充滿奇趣，也讓我們觀察思考。

● 媽媽與老爺爺兩種不同的生命態度與教養方式，你喜歡哪一種？

　　忙碌嚴謹的單親媽媽幫女孩規劃好努力的人生藍圖，不留任何改變的可能，使得小女孩面對簡單的入學面試時卻背錯答案，一時不知所措。爺爺對夢想投入，即使失敗也不改一再實驗的熱情，造成生活雜亂，總是闖禍。面對人生的疑難雜症，保守與積極如何平衡，才能達到互助共生的和諧？

● 電影與原著有什麼相呼應的地方？

　　許多原著中的經典內容在電影裡也出現，觀察原著裡的狐狸、玫瑰，在電影裡如何被轉化。電影裡現代的角色：帽客、酒鬼、商人……都呼應原著裡各個星球裡的大人們。不管是電影或原著，都希望觀眾可以保持童心、莫忘初衷。

● 電影裡的玫瑰、狐狸、綿羊分別有哪些象徵意義？生活中也有這樣的原型嗎？你的小王子在哪裡？他代表什麼？

　　這些沒有標準答案。玫瑰可代表珍貴，狐狸是最好的朋友，綿羊讓我們更富有同理心。這些都傳遞原著中最重要的一句話：「不是因為我們長大而改變，而是我們遺忘了。」

● 電影探討哪些主題？請找出電影裡讓人心有同感的雋永佳句。

　　安全感、勇於冒險、孤單、赤子之心、想像力……以小女孩角度看，是友誼、成長與學習離別。佳句更是信手拈來——「只要用心看就會看到真實。」「把心愛的人放在心裡，他永遠會活在我們心中。」

● 我們想要成為什麼樣的大人？有成為小時候想成為的自己嗎？居住在想住的星球嗎？人生照著生涯規劃好，還是隨遇而安好？

《小王子》
幕後花絮

《柏靈頓：熊愛趴趴走》Paddington Bear			
英國	2015 年出品	片長 96 分	普遍級

家，不只是一個有屋頂的地方

　　故事敘述一隻來自秘魯叢林、因原生地遭地震摧毀而失去親人的小熊，費盡千辛萬苦來到英國，在無處可去之時遇到願意收留牠的布朗一家人，開始了一段在倫敦冒險的故事。

　　小熊的到來，除了把布朗家搞得天翻地覆外，也協助警方抓住盜賊，成了媒體報導的英雄，同時獲得布朗子女的喜愛，給布朗家帶來許多幸福與感動。

｜本片亮點｜

　　本片突破我們對「家庭」與「家人」的想像，劇中對白「家不只是一個有屋頂的地方」非常發人省思。改編自麥可‧龐德的暢銷童書，虛構角色的熊，成為英國兒童文學的經典。該片老少咸宜，具多元主題，包含：品格、關懷、冒險、危機處理、人與動物的相處等，還可一窺英國知名景點「自然史博物館」。

　　本片用動態捕捉的方式，讓熊更活靈活現，彷彿一隻披著熊外衣的人類。片中還有許多向大師及經典電影致敬的二創片段，如《不可能的任務》、希區考克的《鳥》，使人在觀賞時能會心一笑。其正宗續集《柏靈頓熊熊出任務》還被網友選為最完美影片第一名，甚至擊敗了經典之作《大國民》。

｜值得學習的角色｜

　　柏靈頓熊：一隻天真、可愛、少根筋、常闖禍的小熊。意外來到布朗先生家，原本只是住一晚的背包客，但相處下來，其善良有趣的個性改變了古板的布朗先生，帶給布朗家前所未有的活力。小熊象徵著一個外來者，有著與新環境格格不入的孤單，期待能被理解與接納。

　　瑪莉布朗：大方、善解人意，願意主動伸出援手的媽媽。溫柔的個性，為家庭打開一扇友誼之門，也因為小熊的啟發，重返夫妻年輕時狂野不羈、衝撞冒險的搖滾個性。

　　亨利布朗：嚴謹、小心、事事害怕出錯的爸爸。結婚生子之後，狂野性格轉為保守呆板，讓家庭漸失樂趣、親子出現代溝。在接納小熊後，開始打破僵化個性，為了解救小熊，不惜犧牲色相男扮女裝。

　　柏蒂太太：住在布朗家的遠房親戚，外表看來傳統，卻有一副好心腸，總在必要時講出發人深省的妙語：「這個家需要一些混亂。」

　　米莉森：殘酷、冰冷、一心想抓柏靈頓熊的動物標本師。看似可惡，卻

有傷痛的童年，由於爸爸被自然學會開除，使她成長過程遭受霸凌，過得辛苦。抓住柏靈頓熊是她認為唯一可以平反人生的機會。

｜開啟思考的延伸提問｜

● 電影中有哪些充滿創意之處？

　　對經典電影致敬的二創片段、利用數位捕捉打造出擬真的小熊，還有洗澡水從家中樓上灌下來的電腦特效，都讓影片具輕鬆喜感、賞心悅目。

　　原著為段落式的故事，電影重新編寫成具起承轉合、帶著冒險、詼諧、溫暖動人的故事。導演在許多橋段皆有細膩營造：布朗太太發現小熊時，背後出現「Lost and Found」招牌，白金漢宮警衛頭上的帽子裡，跟小熊一樣藏著三明治……。

● 說說看電影中讓你喜歡、感動的情節或畫面？

　　為什麼柏靈頓奶奶說，他們不會忘記上一代的陌生人？二次大戰後出現許多流離失所的孤兒，需要被善心家庭收養，這是柏靈頓熊原著的背景。柏靈頓熊是弱勢族群的轉化象徵；在我們追求生活更好的品質時，莫忘對社會弱勢者的支持與關心。

● 電影對家的描寫有什麼特別之處？你家也需要柏靈頓熊嗎？

　　「家」的中文字，是在一個寶蓋頭下，有人與物質的聚集所在，更充滿

對彼此關心的愛。柏靈頓熊本身是叔叔、嬸嬸養大的孩子，算非傳統家庭出身。來到布朗家之後，又成了跨物種的家庭，加上親戚柏蒂太太，也是一種多元成家概念。這裡也點出，現代人因為忙碌（特別在有手機後）而讓經營溫馨家庭、共享快樂時光成為難事。

● 精采的原著有何重要性？

　　麥可‧龐德是英國知名童書作家，本片原著《派丁頓熊》系列圖畫書及小說原著在 1958 年出版，陸續翻譯成四十多國語言，賣出三、四千萬本，暢銷全球超過半世紀。作者甚至在本片客串一個老紳士，並於 2017 年過世，享壽 91 歲。

《柏靈頓：熊愛趴趴走》
幕後花絮

《布拉姆的異想世界》Fidgety Bram			
荷蘭	2012 年出品	片長 79 分	普遍級

心目中最厲害的 200 項發明

　　故事描述好動的布拉姆，對世界充滿著無比的好奇心，他將這些──收集、整理，做成自己的「世界發明排行」、「有趣單字」的創意手札。

　　升上小學後，他遇到嚴格、講求紀律，又容易貼他標籤的費許老師，造成布拉姆開始逃避不適應的上學生活。

　　布拉姆要如何改變？還是該改變的其實是大人？在各種差異之下，親師生如何一起找到解決之道？

圖片提供／飛行國際

｜本片亮點｜

　　活潑、生動、充滿童趣，是部雅俗共賞的電影，連幼兒園的小朋友都看得目不轉睛。此片結合許多生活素材，並將之視覺化，活靈活現劇中男孩的想像與創造力，讓我們看到好動孩子的頭腦是如何有趣的運作。本片完整討論注意力不集中或過動，頗具劃時代意義，特別是在特殊孩子被察覺及關注的現在。

　　片中同時提醒大人，當孩子從幼兒園進入國小階段，會遇到銜接與適應的課題。面對孩子的狀況，如果大人態度不改，孩子的問題也就無解；因此在孩童教育上，保持彈性與平衡相當重要。

圖片提供／飛行國際

｜值得學習的角色｜

　　布拉姆：愛做白日夢、富想像力的好奇寶寶。即使坐著，頭腦也轉個不停，所有看到、摸到的東西，都可以成為自己的玩具。他的創造力在進入小學後，被大人以所謂「對的方式」強迫改變。後來在媽媽不放棄的引導，以及代課老師彈性上課的調整下，終於達到平衡。他是現代很多孩子的縮影，讓人看了心有戚戚焉。

　　費許老師：接近退休，是認真、制式、要求紀律的老師。受傷之後願意自我反思，也看到代課老師不同的教學方式。傷癒回校時，願意改變自己三、四十年的班級經營方式，終於了解教育不是威權式的服從，而是讓每個孩子適性發展。

　　馬克老師：年輕、有想法，能看到孩子外在行為背後原因的代課老師，當發現布拉姆無法好好坐在椅子上時，以帶著全班起來動一動，取代言語責罰；並將布拉姆的缺點轉化為幫忙老師跑腿的優勢，平撫布拉姆「不受老師喜愛」的心傷。

　　他最厲害之處在於提醒布拉姆，就算不是故意讓老師受傷，但老師還是因你而受傷，你必須有所回應。難能可貴的是，他理解每個老師的教學風格及難處，並未表現出貶低原本老師的態度，是讓老師換位思考的典範。

　　布拉姆爸媽：對孩子相對理解、寬容，不用打罵教育來對待小孩，也以不同方式鼓勵小孩發展創造。即使整個家庭都快被孩子的狀況給拆爛，到了崩潰的臨界點，也沒有過度大發雷霆，願意積極配合專業醫師的指導，雖然

不見得有效,還是願意嘗試不同的方法。

　　布拉姆的女同學:善良、不以異樣眼光對待布拉姆,是布拉姆的愛慕對象,她的意見對布拉姆來說頗具分量。她覺得布拉姆應該跟費許老師道歉,也幫忙布拉姆一同做蛋糕,送去探望老師,讓布拉姆有勇氣去面對、彌補發生的憾事。

｜開啟思考的延伸提問｜

● **從哪裡看出布拉姆是個有創意的孩子?**

　　從小想一些怪問題,3 歲可以背出所有交通標誌、喜歡看動物紀錄片,知道什麼是交配。電影將他腦中想像力一一具體表現出來,藉由手帳本的製作,用文字、剪貼、繪圖,做出最喜歡的 200 項發明,裡面有魚、吹風機、馬桶、任天堂遊戲機⋯⋯並且一一排序,但排名第一的發明居然是蒼蠅。精采的呈現,使得整部電影就像布拉姆的畫板。

● **兩位老師與布拉姆的相處有何差異?**

　　費許老師不喜歡布拉姆上課不專心且動來動去,在他牙齒鬆動跟老師講時,費許認為這是逃避作業的藉口;布拉姆救了蒼蠅,但老師並沒有任何感激。馬克老師則會想出許多活動,願意打破太過制式的模式,幫助專注力跑掉的布拉姆順利回到課堂。其實兩位都是認真盡責的老師。

● **你覺得布拉姆應該向費許老師道歉嗎？為什麼布拉姆不願意？**

這沒有標準答案，但從馬克老師的話語可以得到一些啟示，不管是有意還是無心的行為，造成別人傷害的時候，我們如何讓孩子學習負責而非逃避？相對的，我們能否給他一些時間，讓孩子思考要如何去承擔及彌補這個後果？

● **為什麼電影絕口不提布拉姆是否有注意力缺失症？**

這部電影以不貼標籤的方式，不強調所謂的對症下藥，理解與陪伴更為重要，進一步告訴我們「彈性」的重要。結局尤其出人意料：受傷回來的費許老師負責上午課程，馬克老師負責下午課程，可看出荷蘭這個國家，對小孩與大人保有的彈性。孩子能兩邊學習，老師也獲得喘息，事情不必用「一刀切兩半」的方式處理，循序漸進更能創造多贏。

此方式很值得臺灣學習，老師這職業需要更多彈性及喘息。如果教書五年以上的老師，可以不需要特殊理由就請一個長假休養生息，不必擔心工作續存，更能保持對教育的熱忱。漫長的教書生涯，如果沒有出現休息的頓點，其實是提早讓老師面臨崩潰的邊緣。

● **如果布拉姆是你的小孩或學生，你會怎麼做？**

《布拉姆的異想世界》
電影預告

《你的名字》Your Name			
日本	2016 年出品	片長 106 分	普遍級

我在尋找著一個熟悉的人

　　高中男孩立花瀧一覺醒來，發現身處在不知名的房間，而且變成一位叫宮水三葉的女生；另一地的宮水三葉，也發現自己變成立花瀧。原來兩人之前已出現在彼此的夢中，並且三不五時互換身分。

　　於是兩人依片段留下的線索，去尋找彼此，也在互相了解的過程中產生好感；但一場突如其來的彗星撞地球事件，讓原來可以成真的戀情，產生急劇變化……。

| 本片亮點 |

　　新海誠導演擅長用扣人心弦的故事、逼真的場景，加上富想像力的情節，帶觀眾進入不同夢境之中。這是一部混合類型的動畫，電影前半段為青春喜劇，中後段天災、穿越時空的環節，則把電影格局擴大為愛情史詩，被影迷稱為「神作」不無道理。

　　劇情特別之處包含了傳統、過往與現在，交叉又平行的時空，為靈魂、性別交換的老戲碼，添上新的結構與畫風，生出不同於以往的創意，成為青春動畫裡不可磨滅的經典。

　　孩子進入情竇初開的年紀，對異性或同性的情感好奇、對愛情的渴求、對一見鍾情的認定、懷疑自己有沒有命中注定的那一個人……一直是生命中歷久彌新的課題。這是一部很適合跟孩子探討情感的電影。

圖片提供／傳影互動

| 值得學習的角色 |

立花瀧：對建築繪畫感興趣，也熱愛運動的高中生，個性衝動卻富正義感。在與三葉交換身體時，幫三葉解決了學校霸凌的問題。發現兩人命運之後，積極去尋找可以阻止彗星事件所釀災難的各種可能，因此讓兩人得以短暫重逢。是個正向、努力爭取而改變命運的浪漫男孩。

宮水三葉：溫柔婉約的少女，因母親早逝，由外祖母帶大，對家族的女巫傳統有著不想承接的排斥。透過外祖母而發現自己背負著家族的使命，這使命也牽引著命中注定的情緣。

曾積極跑去東京找立花瀧，沒想到那時的對方不認識她，失望回來後剪去長髮。「髮型」的差別是觀眾能不能看懂，以及辨別在哪一時空的依據。

宮水一葉：三葉的外祖母，扮演著現代與傳統間的橋樑、神明與人間的溝通者。雖因年邁而遺忘許多往事，但重視家族宮水神社背後承載的文化意義，也明白傳統價值對生命的重要。她的對白，在電影裡藏著重要的揭示謎底。在愛情故事表象之下，為文化傳承鞠躬盡瘁。

神結：電影裡重要的非人角色。出現在三葉頭上的髮帶、一葉編織的結繩，還有三葉去東京找立花瀧，給他戴在手上的幸運繩，像月老的紅線，一種命中注定的連結。

從一葉口中告知，這是他們系守町千年的歷史，在編製過程中，由不同人的時空交集而成，經由繚繞、拆解、組織，周而復始，成為一種時間流的展現，也是劇情裡穿越時空得以成立的關鍵。

圖片提供／傳影互動

｜開啟思考的延伸提問｜

● 電影有哪些特別的地方？為什麼新海誠導演被譽為宮崎駿的接班人？

　　在愛情文藝的主體下，融入傳統、神話、天災、科幻、傳說，揉合成清新感人的電影。此片在靈魂交換的舊瓶中，創造新酒之餘，連音樂都精心打造，首首動人心弦。雖然新海誠與宮崎駿是兩種不同風格的導演，但在運用古代傳說，新舊融合連結，並賦予每部電影不同主題上，兩人有異曲同工的交集。

● 電影對日本神話傳統故事如何描繪？如何從中帶出神結的涵義？

　　有一段是整個劇情的重要關鍵：當祖孫三人徒步到宮水神社山上的「御神體」時，一葉說，神靈與結可連結人與時間，所以宮水家歷代巫女，都以編織繩結來體現。水酒進入人體也能和時間形成連結，在參拜破火山口窪地的「御神體」時，以口嚼酒獻祭。繩結連結人與時空，同時也連結了情感。他們算不算命中注定？可以和孩子加以討論。

● 電影用哪種技法來說故事？

　　整個電影在講「陰陽」兩極，片中用對比、對立方式，表現在時空、性別、對事件處理的態度……彗星則變成戀情的破壞與促成，看似男女主角想挽救彼此的愛情，但在女主角的高度堅持下，也間接拯救了附近的村民。由此可見，勇敢追愛能產生多大的能量。

● **男女主角是不是靈魂伴侶？我們找到自己的靈魂伴侶、神結及本命了嗎？**

　　人與人之間無法成為孤島，孤島之下總有陸地連結著，人總會受到一些看不見的力量牽引，當孩子想追求愛情時，驚訝阻止之餘別忘記，自己也曾經是這樣走過來的。

● **在緊急交會的短暫時間，瀧為什麼不寫自己的名字，而寫喜歡你？是名字重要，還是表達情感重要？**

　　這裡顯示男女表達重點的不同，女方要男方記住她，男方表達的是自己的心意。這裡讓大家可以對情感有更深入的討論，深刻的感情，追尋的是結果，還是生命歷程的成長？

《你的名字》
電影預告

《一級玩家》Ready Player One			
美國	2018 年出品	片長 140 分	保護級

虛擬世界的邊界，在於你的想像力

故事背景設定在 2045 年，人類的政治與經濟面臨瓦解的邊緣，導致人民生活貧困、退化，只能在虛擬的「綠洲」世界裡尋求生活慰藉。因遊戲創建人留下了遺囑：誰過了三關，拿到三把神鑰，就可以拿走遺產五千萬美元。於是主角韋德找了其他同好玩家，一起抵抗大財團的無恥競爭，他們如何過關斬將，脫穎而出。

｜本片亮點｜

本片為大導演史蒂芬史匹柏重振威名的作品。特別之處在於放入橫跨世代的暴多「彩蛋」，包含遊戲、電影、電視、音樂……是影史上放入最多彩蛋的電影，據統計，大概有四百個以上。

該片建構了極富想像力的未來世界，在為了打電動取得過關的競賽當中，又反諷了整個資本化的社會，讓大人對打電動的刻板印象，有了重新調整及平反的機會。本片最有趣之處，在於電玩世界與真實社會的交互影響，電玩將掌控世界，是時代的預言，還是無法成真的傳說？

｜值得學習的角色｜

韋德： 熱血、正義、關心弱勢，因為父母雙亡，跟阿姨住在貧民區，對遊戲熱衷的 17 歲男子。在現實與虛擬世界中都屬於弱勢，但憑著實力對抗財團大軍，終於達成自我夢想。

莎曼珊： 因爸爸被財團陷害過勞而死，成為暗中反抗的革命軍，常在韋德闖關中助其一臂之力，兩人在共同作戰中產生情愫，雖然臉上生有胎記，卻不自卑。

哈勒代： 「綠洲」創始者，天才遊戲設計師。從設計的關卡遊戲中看出，他是個努力完成夢想的人，而且把許多生命中留下的遺憾，設計在關卡中，希望玩家能明白虛擬與真實人生必須面對的課題。在影片中像是一個救世主，提點沉迷虛擬世界的人們，認真玩也要認真生活。

艾區、大刀、小刀： 電玩裡獨立的獵單客，也是韋德的最佳戰友。他們是電玩裡典型的與真實身分反差極大、卻又趨近時代的玩家。艾區本身是黑人女性，大刀為日裔少年，小刀則為 11 歲華裔兒童。

彩蛋： 本片最大配角，隱藏的祕密成了讓人追本溯源的重要意義。從每個人找到不同彩蛋中，顯示著個人不同的時代記憶，不管曾經熱衷於何種興趣，只要真切樂在其中，都可以成為個人成長的時代意義。遊戲最後一關的設計，就是找回童年及自己初心的彩蛋。

｜開啟思考的延伸提問｜

● 從電影海報的設計中，可以發現哪些彩蛋？

電影海報為空心設計，中間留了一個蛋的造型，空心的片名如一個迷宮，走對了就會遇到彩蛋。在設計上也做了跨世代的連結：《鐵巨人》、《回到未來》、《超人》、《魔戒》、《天龍特攻隊》、《魔鬼終結者》、《哥吉拉》、《忍者龜》、《鋼彈》、《光明戰士》、《快打旋風》、《鬼娃恰吉》、《鬼店》……都是對 1980、1990 年代，甚至千禧世代流行文化的致敬。

● 遊戲的三關關卡設計上，有什麼意義？

電影的三關與原著很不一樣。第一關過關關鍵，在於車子必須倒著開，希望玩家從另一個角度來看世界。第二個關卡，是找出生命中的錯過，必須在彌補中獲得完整。最後一關，闖關玩家必須回到設計者的童年，玩他小時候的電動，層層關卡連結，提醒觀眾是否有人生的遺憾？有沒有忘記自己？

● 電影與原著有哪些差異？

由於電影編劇也是原著小說的作者，他將原著中過度鉅細靡遺或難以影像化的事件都重新刪減或淡化處理。例如：電影的第二道關卡重現恐怖片《鬼店》的經典橋段，和小說截然不同；配角之一的艾區在小說是個女同志，電影則隻字未提；電影的男女主角中場就實體會面，在小說中則在最後

一關才彼此見面，使得劇情鋪陳產生極大的改變。

另外，電影完全省略對未來學校的描繪，小說中精采呈現未來的教育現場。大家都在線上學校上課，可以用自己喜歡的虛擬樣貌出現，不會有人因為外表、性別、種族而受到霸凌，又打破現實社會的階級區別，獲得未來師生的喜愛。

如同在疫情停課的時候，我們可以進一步思考：實體上課與虛擬教學，大家喜歡什麼樣的學校形式呢？

● **在虛擬世界中，我們如何找到真實的連結？**

我們正處在虛擬與真實界線愈來愈模糊的年代，表象的事物可被虛擬，人的情感卻難以做假。遊戲設計師哈勒代說：「競賽的宗旨是要和人產生連結，和世界發生關係，在虛擬中，我們真正做到了嗎？」

真實人生的遺憾，只能在虛擬世界中彌補嗎？強權的壓迫，在真實與虛擬中都是真實而殘酷的。韋德團隊的五個人，在虛實之間的相互支援作戰中，都建立起真正的情感與友誼。

導演在結局留下答案彩蛋，在虛擬中奮鬥的人們，別忘記一個星期休息兩天，珍惜與真實家人的共處時光。

《一級玩家》
電影預告

《少年 PI 的奇幻漂流》Life of Pi			
美國	2012 年出品	片長 127 分	普遍級

人生最讓人痛心的，是來不及說再見

家裡開動物園的少年 PI，因為環境改變，必須移民加拿大。搭船的過程中，暴風雨奪走所有人的性命，僅 PI 跟四隻動物倖存，直到最後，只剩下 PI 跟老虎理查帕克，在海上展開 227 天的漂流。漂流中得見壯闊綺麗的海洋，3D 特效更打造身歷其境、驚心動魄的過程。

┃本片亮點┃

國際大導演李安的經典傑作，當年獲得美國奧斯卡金像獎四項大獎。除了畫面、特效絢麗雋永外，電影文本更含豐富的人文、哲理，把艱深的原著完全影像化外，做到雅俗共賞。

電影後段出現虛實劇情大逆轉，從原本視覺情節提升至人文思辨，探尋自我救贖的同時，又討論宗教哲學、生命的真諦與宇宙意識，深入的面向，如同海洋粼粼的波光，映照在觀眾的眼簾。

這是一部幾乎在臺灣拍攝完成的美國電影。幕前幕後的經驗，都值得推薦給不同世代的人群。

｜值得學習的角色｜

少年 PI：好學、聰明、懂得觀察人性的孩子。小時候因名字的緣故被霸凌，對宗教感興趣，同時信奉印度教、基督教及回教。第一個故事看到他積極的智慧，第二故事凸顯內在的惡如何被激發。船難讓他看見真實的自己，善惡並存在人心中，取決你是否真切了解自己。

老虎：名叫理查帕克，外表看似老虎，其實又代表 PI 深沉的自己。在電影中有很多畫面，原本映照的是 PI 的眼神，下一個畫面成了老虎的眼睛。海面如映照兩人的鏡子，雖是不同物種，同時又是孤兒，還有彼此依存的關係。恐懼讓他們共存共生，看似海上漂流最可怕的角色，但比牠更可怕的是「絕望」。

PI 爸：為科學理性思考的代言人，面對外界對其小兒麻痺的嘲笑，認為靠自己雙手奮鬥才能改變別人的看法。當 PI 想跟老虎做朋友時，用殘忍的方式讓他看到真實面貌。

PI 媽：是具包容、溫柔感性的女性，總是提出跟爸爸不一樣的見解，針對爸爸認為的「不要相信宗教」，媽媽回以「科學讓我們看見外在事物，宗教卻讓我們觀照自己的內心。」

｜開啟思考的延伸提問｜

● 特效團隊如何創造出引領時代的畫面？ 3D 效果跟其他電影有何不同？

3D 呈現出的效果讓觀眾投入這個世界,而非銀幕上的東西跑出來嚇人。海上漂流的戲景,都是在臺中水湳片場裡,以 60 萬加侖的水,12 臺造浪機,加上特效後製出來。高科技帶來的不僅是特效的炫目,還完美呈現戲劇內在的價值。

● **電影在臺灣的哪裡拍攝?為什麼看不出拍攝的地點?**

除了水湳片場外,片頭出現動物的場景在木柵動物園拍攝;在狐獴島上,李安特別安排臺灣黑熊出現,算是為臺灣觀眾設計隱藏的彩蛋。狐獴島則在恆春白榕園拍攝,經過特效呈現出華麗夢幻的景象。最後少年 PI 漂流到的墨西哥海灘,則是在墾丁的白沙灣。沒了遊客,加上取景視角,讓我們認不出來。

● **少年 PI 在海上漂流遇到哪些困難?代表哪些涵義?**

面對廣闊大海、無情暴風雨,還有孤單寂寞、孤立無援,種種考驗,代表神對他的不同洗禮,不管遇到什麼事情,PI 學會沉穩應對,在絕望中找到破解的下一步。

困難的背後,同時可見海面上的許多奇景:壯闊的飛魚,碩大的座頭鯨、晨曦、夕陽、星空,都讓 PI 體驗到萬物之美。如李安所說:「如果我們可以體驗、理解人生每一次的轉變,我們的生命就可以走得更遠,真正體驗到生命要我們體驗的東西。」

● **結局的大逆轉代表什麼意義？到底何者為真？你選擇相信哪一個？**

　　在日本調查人員的詢問下，出現逆轉故事版本：老虎為少年 PI，猩猩是媽媽，斑鬣狗是法國廚師，斑馬是為臺灣佛教徒水手。兩個故事出現差異，但也有相同的地方，不管哪一個，都不能改變家人已經死亡的事實。

　　第一個故事或許更具故事性，第二個故事則過於冰冷、血腥。但故事說完了，喜歡哪一個，如何解讀就是觀眾的事了。

● **原著與電影有哪些差異？**

　　這是加拿大作家揚・馬特爾的同名小說。作者是外交官之子，隨父親去過很多地方，在不同文化宗教中累積成長經驗。原著中有許多宗教概念，卻沒有佛教，是李安自己加進去，增添宗教的豐富度。

　　原著中清楚闡述名叫 PI 的原因，但電影則保留。PI 是圓周率，表徵圓形，電影也屬於圓形敘事，不管從哪一個剖面去解讀都成立。原著裡的 PI 沒有女友，影像化後則加入女友角色，增添活下去的希望。原著中沒有過多狐獴島形態的描寫，經影像化後停格細看，則是一個人的形狀。

　　此片可以得到奧斯卡最佳導演，從原著難以被視覺呈現，諸多議題交錯，又有層層包裹的複雜哲理，都在李安手中被通俗呈現，又不失原來的人文涵義，可說是實踐創造力的至高表現。

《少年 PI 的奇幻漂流》
幕後花絮

《雖然是精神病但沒關係》It's Okay to not be Okay			
南韓	2020 年出品	共 16 集	輔 12

跟別人不一樣，就很可怕嗎？

帶著性格缺陷的男女主角，在命中注定的相遇之中彼此相知相惜，學著把原生家庭的負面影響一一卸除。從童話中挖掘另類解讀，試著理解每個人都有思覺失調的可能。配角群帶來的溫暖，則照亮觀眾的心房。結局重回撫平傷痕的故事線，在愛的曙光之中，認知「有愛的人聚一起，也能成為一家人。」

｜本片亮點｜

每集都用一個童話故事做為主題及引言，並顛覆其中寓意，在新創寓意中暗含更多深意。這是少數男女主角都非正向積極的戲劇設定，女主角擁有反社會人格，男主角則過度委曲求全，編導將這些不討喜的角色，營造至後面產生的翻轉，更有助於觀眾找到生命的意義。

包裹在浪漫愛情故事的糖衣下，於恐怖懸疑中，展現耐人尋味的議題，打破一般人對精神病患的刻板印象。許多情節運用動畫手法，使人更易明瞭放下偏見後的愛與包容，才得以解開生命中的結。

｜值得學習的角色｜

高文英：兒童文學界的人氣女王，承載著父親殺害母親，以及童年被母親偏差價值觀對待的陰影，讓她對童話有不同於一般的解讀。不在乎外界的態度，是她保護自己的城牆，內心卻是一個等待被救援的小孩。

文鋼太：個性善良溫和但逆來順受，一直認為自己的出生，是為了照顧自閉症的哥哥。小時候雖抗議過，覺得自己是自己的主人，但在媽媽過世後，成了哥哥唯一的照顧者。直到最後才認清，必須先愛自己，才有能力去愛別人。

文尚太：高官能自閉症者，有驚人的背誦能力及繪畫才華，也是文英的死忠粉絲。最怕的東西就是蝴蝶，那是殺母兇手身上的別針，成了一再逃離的恐慌。在明瞭弟弟的辛苦後，他提起勇氣面對陰影，終於長成獨立又會照顧他人的大人。

精神病院院長：幽默、富人生智慧，喜歡用非典型的治療方式來給病患對症下藥。認為「人就是因為脆弱才聚在一起，就是要互相扶持，才能無堅不摧。」

朱里媽：精神病院廚師長，溫暖、心地善良，是位賦予眾人關懷的長輩。知道用食療來餵飽身邊需要呵護、傷痕累累的人，這個「冒牌的親媽媽」彌補了鋼太、文英在原生家庭受的傷，更見其偉大。

童話故事：背後充滿更深的涵義，考驗大家看待事情的面向，可有更多角度的解讀觀點，而非單一價值的思考判斷。

｜開啟思考的延伸提問｜

● **為什麼片名叫《雖然是精神病但沒關係》？**

英文片名為《It's Okay to not be Okay》，意思更佳，世上沒有一個人是沒問題的，過得不好但沒關係，只要慢慢從中療癒、學習。據統計，韓國有八成人口需要精神方面的幫助，臺灣的思覺失調者也達 250 萬人，很多原因出自原生家庭。或許成長中帶著陰影與傷痛，但面對傷痛而成長的力量，也能帶給他人溫暖與關懷。

● **影集中很多童話故事，你喜歡哪些？又有哪些自己的解讀？**

放羊少年因為太孤單，所以才說謊。美女與野獸的貝兒，看見野獸受傷的靈魂，而不吝惜付出愛。藍鬍子為何血腥殺妻？是因為他從小被人討厭。這些都告訴觀者，帶著更多同理與尊重，才能真正跟別人好好相處。

● **影集自創了好幾個童話故事，你喜歡哪一個？**

《啖食惡夢長大的少年》：告訴讀者別怕陰暗面，要努力勇敢去面對，否則只是一個靈魂長不大的孩子。

《喪屍小孩》：媽媽不惜割肉餵食，讓小孩不至於餓死，但當小孩感受到媽媽的溫暖時，媽媽已經不在了。

《春日之犬》：被綑綁、豢養太久的狗，就算拿掉頸圈，也無法做自己的主宰。

《手，琵琶魚》：從不讓孩子做事的大人，使得小孩手腳慢慢退化，最後變成一個大嘴巴。被過度溺愛的孩子，是無法成長的。

《尋找最真實的臉孔》：森林裡被巫女詛咒的三個角色，臉孔都被掩蓋起來，最後箱子叔叔必須摘下面具，才能到樹洞中救出空罐頭女孩和面具男孩。影射一直以來被照顧的尚太，卻是挽救男女主角的最大英雄。

● 影集裡出現許多很棒的臺詞，你喜歡哪些？為什麼？

「跟別人不一樣就很可怕嗎？」其實跟別人不一樣，才可以成為有故事的人。

「被困在過去我們會永遠走不出來，也找不到門。」唯有認真看到過去、克服過去，才能真正長大。

● 為什麼我們要先愛自己，才能愛別人？

朱里分析自己，當我們把別人都擺在第一位，反而忽略自己的感受。片中多位角色都走過許多冤枉路，自以為是的對待他人；但唯有能夠勇敢認同自己、疼愛自己，才有餘力和空間去愛別人。想一想，我們有沒有好好撫慰那個以前躲在角落哭泣的自己？

《雖然是精神病但沒關係》影集預告

延伸片單特搜

1、《笑笑羊大電影》Shaun the Sheep Movie
英國｜2015 年出品｜片長 85 分｜普遍級

奧斯卡動畫得獎團隊《酷狗寶貝》的創意力作，沒有對白卻充滿童趣，有別於迪士尼的黏土停格動畫，驚喜連連，讓人在歡樂中發現創意思維。

2、《我們的勇敢時刻》Kids of Courage
德國｜2016 年出品｜片長 200 分｜普遍級

從歐洲各國的兒童視角，聚焦二次世界大戰的影響。採創新的敘事方式，綜整劇情化故事、紀錄片史料及袖珍玩偶模型，讓複雜的歷史脈絡得以清晰呈現。

3、《勇敢的安妮》Anne with an E
加拿大｜2017 年出品｜全三季共 27 集｜保護級

「與眾不同有多辛苦，就有多幸福。」改編自經典文學名著《綠屋的安妮》，以極為豐富多元的情節、寫實細膩的美術場景擄獲全球觀眾的喜愛。

4、《星際效應》INTERSTELLAR
美國｜2014 年出品｜片長 169 分｜保護級

融合黑洞、相對論和萬有引力等科學概念，引發多度空間理論的討論，展現大導演諾蘭的驚人創意。科學與未來、神祇與人類，永遠是引人入勝的辯證，而愛才是穿越時空的唯一解答！

5、《梵谷：星夜之謎》Loving Vincent
波蘭｜2017 年出品｜片長 95 分｜保護級

耗時六年、動用 125 位藝術家、65,000 幅油畫，完成史無前例的特殊動畫。透過梵谷的畫作及遺物，探究他的精神世界與死亡之謎。

6、《魔戒三部曲》Lord of the Rings: The Return of the King
紐西蘭、美國｜2003 年出品｜片長 200 分｜保護級
被譽為 20 世紀最具想像力的奇幻文學，導演成功呈現氣勢磅礡的千軍萬馬、浩瀚無垠的場景奇觀、雷霆萬鈞的戰爭打鬥及複雜糾葛的人性善惡，造就無法被超越的史詩動作特效鉅片。

7、《消失的情人節》My Missing Valentins
臺灣｜2020 年出品｜片長 119 分｜普遍級
女主角是等待愛情的郵局櫃員；男主角是守護祕密的奇葩公車司機。女主角醒來驚覺：怎麼情人節已經結束？於是一段充滿奇幻冒險的愛情故事悄悄展開……。

8、《千年一問》Chen Uen
臺灣｜2020 年出品｜片長 135 分｜普遍級
本片以多元的創作形式，突破傳統紀錄片的敘事結構，開創虛實傳遞的新格局，走進「亞洲畫神」鄭問的內心深處，看他神乎其技的傳奇一生。

9、《你的孩子不是你的孩子》On Children
臺灣｜2018 年出品｜共 10 集｜輔 12 級
難得一見的「微科幻」戲劇類型，在科幻元素的包裝下，諷刺社會升學體制下扭曲變異的親子關係與教育困境，每一篇故事都引發諸多討論。

10、《亞森羅蘋》LUPIN
法國｜2021 年出品｜目前共 10 集｜輔 12 級
靈感來自同名經典小說，被譽為新世代黑人版，劇情曲折藏伏筆，節奏明快又刺激，讓觀眾快速上癮。原著的巧妙呼應，讓這部作品不僅有娛樂性，更具有時代原創性。

創造力：《 　　　　　　　　 》

_____年_____班／座號：_____姓名：_____

十字分析大發現

這部電影讓人意猶未盡，哪些地方讓你忍不住按讚？
哪些讓你產生疑問呢？我們一起從不同方面深入發現吧！

我認為厲害的地方 　 　 給我的靈感和收穫

我的疑問和困惑 　 　 我想給的建議是

創造力：《 　　　　　　　 》

_____年_____班／座號：_____姓名：_____

創意展演 ING

這部電影充滿讓人嘖嘖稱奇的創意，現在請大家發揮想像力
及小組合作精神，演出電影中讓人印象深刻的情節或段落，
一起表現出不同凡響的「創意劇場」吧！

················ 小組展演互評表 ················

組別	A 隊	B 隊	C 隊	D 隊
團隊成員				
1. 演技：臺詞流暢、表情生動、動作自然（5）				
2. 裝扮：化妝服裝（5）				
3. 道具：實用有效果（5）				
4. 創意：內容合理又具有創意（5）				
5. 團隊精神：演出順利、有合作精神（5）				
總　分				
厲害的地方	1. 2. 3.	1. 2. 3.	1. 2. 3.	1. 2. 3.
再加油的地方	1. 2.	1. 2.	1. 2.	1. 2.

我想特別讚美的對象＋原因：

從這次的短劇表演，我的學習：

創意劇場開麥拉

你是不是很佩服這部電影導演和編劇的功力呢？
其實，每一部電影開拍前都會先將故事情節畫下來。
現在，請你畫出電影中具有「創意」的精采畫面喔！

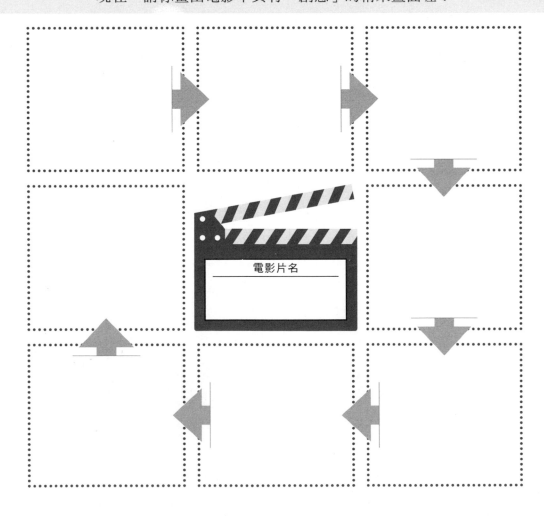

電影片名 _____

CH3

關懷力
Compassion and Empathy

最美麗的風景是人情味
最溫暖的能量是同理心
從認識自己到關懷他人
超越物質需求，帶來心靈豐足

溫暖走進他人的
需要裡

　　物質上的貧窮容易解決，但心靈的匱乏與孤寂，卻是現代人最大的需求。人類是無法完全孤獨的存在，透過關懷，可以讓孤單的靈魂找到出口。關懷不是一種手段，而是付出的過程，在幫助別人的同時，也能夠自我成長，活出生命意義，得到心靈層次的富足。

　　如何培養孩子的關懷力？首先要培養孩子的同理心。當孩子學會將心比心，便能理解別人的感受、處境跟需求。

　　德蕾莎修女說：「愛始於家庭，它不在於我們做了多少，而是放了多少在我們的行動之中。」孩子從親子相處的言教、身教中，學會跟著大人的腳步，從關愛自己開始，擴及同理他人，進而幫助他人。

　　關懷力不是一項技能，而是我們對生命的認知、觀照與實踐。外國人常說：「臺灣最美麗的風景是人。」溫暖的人情味、主動伸出雙手的習慣與胸襟，都是這世代必備的公民素養。尤其當社會進入少子化，獨生子女的家庭漸多之際，孩子若能從大人的相處培養同理心、實踐關懷力，都將讓這個世界變得更美好。

　　多年來，我帶著學生欣賞多樣化的電影，例如南非的《永不遺忘的美麗》、印度的《三個傻瓜》、日本的《扶桑花的女孩》等，片中主角除了勇敢追求夢想外，還運用自身的力量回饋社會。進一步檢視，電影看完了，我們如何實踐其中的理念？

▎比讀書更重要的事

　　2008 年，我帶著學生在學校募集二手文具，送給柬埔寨的孩子們。幾年後我看到一則新聞：一位小學三年級的女孩，爸爸罹癌住院、媽媽離家出走，她必須擔起煮飯、照顧弟妹的責任，天冷時還必須徒手洗衣，只因買不起洗衣機。家扶基金會知道後，集合大眾的善款，贈送一臺洗衣機給他們。像這種急需幫助的「高風險家庭」，當時在臺灣有一萬多戶。

　　這則新聞讓我心裡相當難過，我們學了這麼多道理，但如何帶著孩子實踐社會公益的學習？這可是比考試成績更重要的事。2011 年，我第一次開始帶學生義賣手工肥皂；2013 年 1 月，期末考剛結束，我又計劃舉辦第二次手工皂義賣。

　　我們花了四天在教室做手工皂，有人畫海報、有人寫春聯，還多次練習義賣的口語表達及應對進退的態度。當時義賣地點在信義計畫區新光三越百貨周邊，那天氣溫非常低，在冷冬中叫賣，學生們不但累壞了，也遭到很多拒絕，內心充滿挫折。

　　但沒去的隔壁兩班，卻對我們的活動躍躍欲試，他們的導師也覺得深具意義，於是，在學校五月園遊會時，我們統整三班，共分三組，第三屆手工皂又開始義賣！我們將這次主題訂為「五力全開：愛心派的奇幻漂流」，並將義賣過程拍成紀錄片，在學生的畢業典禮上首映。

　　雖然在教室中一再練習銷售技巧，但賣東西絕非易事。為了吸引顧客，學生絞盡腦汁把自己裝扮成電影人物，先在視覺上引人注目，接著邊做邊觀察，摸索出教戰心得：找帶著孩子的媽媽，推著嬰兒車的更好，然後不斷強調「純手工、沒色素、沒有人工添加物、使用百分之百精油」，往往就能打動對方。

　　有人專挑走路較慢的路人，因為他們比較有耐心停下來聽你說話；有人找正在約會的情侶，男士如果當下拒絕，給女友留下「沒愛心」的感覺就太失面子了，不買都不行！還有學生使出「雙頭夾擊」方式，讓客人無法快速離開；遇到阿嬤最好，她們都是既有愛心又出手大方的客人。

　　我們發現，業績最好的同學不見得是學業成績好的學生，成績中等的孩子臉皮較厚，比較不會因被拒絕而洩氣。義賣的過程什麼狀況都有，有人賣到吵架，坐在一旁生悶氣，也有家長站在遠處，看到孩子被拒絕而偷笑。

　　不過東西一旦賣出，孩子的挫折感立刻消除，又有自信繼續下去。三班聯手的結果，果然創下超高業績，共收入三萬五千多元。學校將義賣所得全部捐贈家扶基金會，突來的驚喜讓家扶基金會嚇一大跳！

　　當時班上有一些特別的孩子，因義賣之故，無形中增加跟同學的互動，大家在互助學習中，也學著彼此修正，以至於學生們畢業後，仍對這次義賣

津津樂道。

　　雖然愛心義賣紀錄片的畫質不夠細膩，但已經讓家長和老師看到眼眶泛紅，還有家長認為這個活動太好了，往後每屆畢業生都應該接受一次這樣的洗禮！因此，我在 2021 年的班級雖然是中年級，但是孩子們也在園遊會積極投入「皂福友奇蹟」的義賣活動，留下許多珍貴的回憶。

　　「關懷」是一種推己及人的仁愛態度，是人類情感得以維繫的關鍵之一。針對關懷力，我從推己及人，乃至打破地域疆界，推薦下面 7 部電影。

體驗活動 1
「愛心派的奇幻
漂流」畢業典禮
微電影

體驗活動 2
「皂福友奇蹟」
電影專案行動

《聽見歌再唱》Listen before you sing			
臺灣	2021 年出品	片長 113 分	普遍級

沒有不好聽的聲音，只有不適合的位置

　　一位是看不懂五線譜的指揮，一位身分是流浪教師的伴奏，帶著一群五音不全的雜牌合唱團，妄想在合唱比賽得獎，挽救即將廢校的命運。慘敗之後，他們聆聽評審建議重新出發，學習布農族特有的八部合音傳統，創造新的表現風格，也讓這群孩子在合唱過程中找到自信與快樂。

　　本片是以臺灣原聲童聲合唱團馬彼得校長的真人實事改編，也是第一部呈現完整布農族「八部合音」精神的影片。

| 本片亮點 |

　　電影裡沒有過度熱血、煽情的敘事，而以溫暖清新的風格，讓觀眾感動。從中可以看到臺灣人民的力量，怎麼在挫折之中伸出援手、克服萬難，也看到孩子們在老師不放棄的帶領下，從學校一路影響社區，再到整個部落的復興與文化傳承。

　　此片強調「聆聽」的重要，藉由合唱讓觀眾明白，用心聆聽，才能在團隊中找到自己的聲音及位置，並且貢獻出適當的力量。每一個人都貢獻剛剛好的聲音，才能造就團體和諧且美麗動人的歌聲。

　　導演以直白淺顯、幽默喜劇的方式，呈現臺灣偏鄉教育、原民孩子在生活中遇到的酸甜苦辣，也真實捕捉疫情時代參與大型比賽前的防疫措施，成了重要的時代記憶。

｜值得學習的角色｜

　　方雅各：原為體育保送生，畢業後回到部落小學，是認真負責又關心學生的老師，知道學校面臨廢校危機，毅然接下合唱團指揮。像一個領航者，帶著全校師生、部落村民一路向未卜的前方前進。

　　雖也有挫敗沮喪的時候，仍帶著信心為孩子勾勒出奮鬥的目標。「我不知道我做了會怎樣？但我知道我不做會怎麼樣。」成了片中的名言。

　　黃韻芬：流浪的音樂代課老師，來到偏鄉部落小學，有著格格不入的尷尬。從一開始對方雅各嗤之以鼻，到後來被他的熱情感動，互相搭配支援，以快樂學音樂的方式，讓我們看到音樂教育的新篇章。

　　學生合唱團：其中一位家境不好、家中又無大人的全亞山，是個熱情活潑、善解人意的孩子，原本對唱歌一竅不通，後來成為合唱團凝聚力量的核心。從這些團員的生活，可見偏鄉原民的處境，但他們在困境中，不改純樸樂天的奮鬥力量。

　　盧校長：教學超過四十年，是位慢條斯理、給予老師空間，同時也支持孩子勇敢追夢的好校長。雖然學校可能被廢校，但過程中已成為師長的重要支柱，他的格局與視野，是學校管理階層的表率。

　　音樂系教授：講話不留情面的嚴格老師，曾是方雅各的惡夢，但也是因為她的提點，成了合唱團唱自己歌曲的契機，從部落八部合音中找屬於自己的原音。

圖片提供／© Neverland Entertainment Ltd. 提供

王美娘：學校的煮飯阿姨，為人樂天、開朗，是部落中的包管事與萬事通。會給家計困難的學生留晚餐便當，也在參賽過程中給兩位老師支持。

｜開啟思考的延伸提問｜

● 片中出現的動聽歌曲代表什麼意義？

合唱團勵志電影類型通常強調團結，並在合作之中，從不會到精熟，從衝突到和解，達到用歌聲鼓舞的力量。

大名鼎鼎的「拍手歌」自然不缺席，這是一首歡迎大家來做禮拜的布農族詩歌。

五月天的「知足」，經原民孩子口中唱出，跨出情歌範圍，多了單親子女孤獨的況味，同時珍惜現有的喜樂，達到心靈療癒的層次。

臺語歌「心肝寶貝」，是他們在教會募款時，結合「媽媽頌」，將兩首歌一起串聯，唱出對母親的思念，動人催淚。

● 對比其他的合唱團電影，本片有哪些突破點，可以看出其中不一樣的音樂
  教育？

本片揚棄最後的比賽結果，並反覆告訴觀眾，認真努力的堅持過程，以及音樂療癒人心的穿透力，遠勝過比賽成績。也呈現疫情時代的正向思維，就算比賽必須戴口罩、量體溫，依然無法阻止發自內心傳遞的優美聲音。

片中也放入原民部落的文化傳承,將廢校議題放大成整個社區的認同議題,孩子開始學習八部合音的「先聆聽」,再把自己聲音慢慢加入,找到適當的位置,傳遞出和諧的音律。它讓觀眾明白,八部合音傳遞的重點在於:「沒有不好聽的聲音,只有適不適合的位置。」

● **電影中有哪些讓人印象深刻的魔幻時刻,藏著人與人之間的深情關懷?**

方雅各每天早晨騎著腳踏貨車,一一到學生家接學生上課,可看出他對學生付出的關愛。當第一次比賽敗北而擊垮他時,換成學生到他家去吹哨、呼叫起床:「老師上課了!」顯示種在孩子身上的關愛種子,已慢慢發芽。

為了比賽,整個部落的女性親手幫師生縫製服裝,還有在前往比賽的途中遇到土石流,史堅強開來怪手,和老師一一把孩子送出去的場景;當最後得以上臺,孩子驕傲唱起自己的歌,帶著全部落的努力,以清亮的歌聲征服全場。

● **電影用什麼角度來關心原民及偏鄉議題?**

藉由八部合音跟合唱團的鋪陳,看到原民孩子的單親處境、隔代教養,以及下課後必須幫忙家計、偏鄉廢校、母語文化等情況。部落的耆老在影片中以長者的智慧,引領著師生看見文化保留的重要,就算不是原住民,也深得教誨。

● **從真實的馬校長身上,看他如何將對原民文化的關懷更加擴散出去?**

　　馬校長在 1993 年被學校指派帶合唱團,於 2019 年退休。2007 年,他創辦台灣原聲教育協會及台灣原聲童聲合唱團,在電影《看見臺灣》中帶著合唱團在玉山上唱拍手歌,關懷臺灣土地之情,讓人感動。他認為合唱的過程可讓孩子翻轉弱勢,而且藉著歌聲的力量,與維也納少年合唱團互相交流,建立了深厚的友誼。

　　尤其品德教育是練習合唱不可或缺的一環,孩子在練唱過程中,學會尊重、包容、互助、堅毅。對布農族來說,唱歌是對上天的感謝,也是天人合一的實踐。

　　因為他的愛與堅持,如今在原聲教育學校裡,有多位主任老師都是受馬校長感召,退休後來協會幫忙,完全實踐 108 課綱中所提的「自發、互助與共好」精神。

《聽見歌再唱》
電影預告

《奇蹟男孩》Wonder			
美國	2017 年出品	片長 113 分	普遍級

要在正確與仁慈間做抉擇時，選擇仁慈

　　由於出生時臉部殘缺，讓奧吉經歷了 27 次手術，怪怪的面容讓他習慣戴上頭盔，假裝自己是太空人。雖然在學校被霸凌，但在痛哭之中，他仍學著擁抱自己和家人，用才華幫助同學，讓師長看到更多教育的價值。可貴的是，在愛與關懷的人際互動影響下，讓原本殘酷的生命，也能轉為不可思議的奇蹟。

| 本片亮點 |

　　適合與低中年級以上的孩子一起觀賞，劇中帶著深度與誠意，討論校園霸凌的議題。一開始從男主角視角出發，讓人以為是單純講「顱面骨發育不全症」的故事，接著才發現，劇情從姊姊、姊姊的朋友、男主角同學等不同人角度去看同一事件，所產生的多元觀點，讓觀眾對不同人物產生理解，明白每個人的行為背後，都有著不為人知的苦衷。

　　男主角的家庭是一個優良模範，有著具幽默感、關心、陪伴孩子的爸媽，為家庭滋養出許多愛的正能量。加上學校師長積極處理霸凌的態度，朋

友在相處中產生的同理關懷,還有不時出現的金句,都讓此片成為親師生必看的佳作。

｜值得學習的角色｜

奧吉:因為天生的疾病,成為被家人圍繞的太陽。幽默、純真、堅強的個性,在親友的扶持下,成為平凡中不平凡的人物,傳遞出更多生命意義。

薇亞:體貼懂事、疼愛弟弟的姊姊,也是家中相對被忽視的孩子。因為好朋友突然疏遠,讓她陷入沮喪中,幸好遇到賈斯汀,從密切的友誼進展成情侶。失意中,總想起外婆對她無比的關愛,最後終於在戲劇成功表演中與好友和解,同時獲得掌聲。

奧吉爸媽:性格不同的夫妻,但面對奧吉激動的情緒,總是用溫暖的言語力量來鼓勵孩子:「我們每個人臉上都有印記,那是引導我們人生的地圖。」爸爸幽默風趣、媽媽溫暖聰慧,為了奧吉,他們都做出一些個人生涯的犧牲。

傑克威爾:奧吉的好同學,善於察言觀色。從奧吉身上發現四件事:你會習慣他的臉、奧吉真的很聰明、奧吉真的很搞笑、我真的很想跟他做朋友。後來發現自己「誰也不想得罪」的個性深深傷害了奧吉,又從奧吉身上學會勇敢,出手打了班上的小霸王,雖然引起一陣風波,卻意外翻轉奧吉與大家的關係。

涂校長：深具教育愛的長者，任何決定都是站在教育立場來思考，可以看到學生表象行為的內在動機。在處理校園霸凌時，也敢為教育理念和初衷，守住最後一道防線。面對有錢有勢家長的抗議，堅持用正向積極的方式，處理孩子面臨的兩難情境。

｜開啟思考的延伸提問｜

● 《奇蹟男孩》說故事的方式和其他電影有何不同？

電影以維持原著每個章節不同角色的故事結構，將原著的六、七個章節，濃縮成四個人的角度：奧吉、薇亞、傑克威爾、米蘭達。隨不同角色的故事推演，拆解又建構了奧吉的周遭世界。多元視角照顧了每一個角色的心情，讓觀眾從外在的表象，看到內心的苦處。看懂了這些，便會發現四個人物都令人心疼，也明白在互相關懷、扶持下，可以產生多巨大的奇蹟。

● 我們自己的外表與內在有什麼不一樣？

我說的話、做的事，背後的用意是什麼？進一步了解自己，才能誠實面對自己。如傑克一樣，誠實面對，就會知道誰是自己想要深交的朋友，讓自己不必在四處討好的處境中痛苦打轉。

● **電影用了哪些象徵及對比手法，讓故事更富內涵及深度？**

　　太空帽隱藏自己的脆弱；學校出現星際大戰的喬巴卡，則讓被孤立的學校生活不致孤單無依；還有家中的小狗，過世時連幽默的爸爸都哭了，象徵家庭充滿濃厚的情感。

　　另外，從課堂的實驗：光線經過水的介質而產生折射，思考存在事物表層下，什麼才是真相？美與醜、外表與內在、富有與平凡，還有媽媽所說：「有人小心眼，你就寬宏大量。」外表與內在不見得都相同，有時處處起衝突，正因如此，才更引人反思。

● **電影所說的奇蹟，講的就是奧吉嗎？**

　　英文片叫「Wonder」，中文多加了男孩，有點侷限思考的廣度。奧吉固然帶給身邊人諸多啟發，但他一路上的成長，其實收到許多人的關懷與仁慈，包含：爸媽、校長、老師、姊姊、米蘭達、傑克威爾等，甚至在被孤立時，第一個伸出援手的女同學桑默，是這些人一起創造出更大的奇蹟！

　　也許人生充滿許多未知的苦難，但自我解嘲的幽默，也可以化解無形中的限制與枷鎖。

《奇蹟男孩》
幕後花絮

《我的嗝嗝老師》Hichki			
印度	2018 年出品	片長 116 分	普遍級

當我迷失方向時，你永遠是我的北極星

圖片提供／捷傑電影

從小飽受妥瑞氏症所苦的奈娜，因無法控制發出的怪聲而遭異樣眼光看待。

國小時受校長啟發，而立志當老師，在面試第 19 次時終於如願以償，沒想到她接下的班級，是令人聞風喪膽的失控放牛班。

在其他老師的看衰下，奈娜憑著從小不被霸凌打倒的意志，激發學生學習動機、翻轉教學內容，讓孩子看到未來的希望。

｜本片亮點｜

　　故事通俗感人、角色形塑立體、金句發人深省，是一部沒有歌舞場景，但寓意深遠的精緻印度電影。從非典型教師與貧窮放牛班孩子之間的互動，闡述了為人師表如何去看到孩子的個人價值，進而翻轉教學，呈現真正的教育意義。

　　本片改編自美國教育界妥瑞氏症患者布萊德‧柯恩的原著《叫我第一名》。電影前段保留一些原角設定，後面則完全在地化，使得此片更顯精采。電影批判教育的勢利、窄化及鴕鳥態度，教導大眾應以更寬廣的心胸，接受不同的學生及不一樣的老師。特別推薦給出現職業倦怠、挫折的老師們，可從中找回教育的初衷和熱血。

｜值得學習的角色｜

　　奈娜：小時候曾被 12 所學校退學，但在媽媽、弟弟的關愛下自信成長。勇敢堅強的性格讓她勇於接受挑戰，將妥瑞氏症的缺陷變成優點，更能對學生的學習困境感同身受，讓學生對她打開心扉。她讓觀眾明白「沒有壞學生，只有壞老師。」最後從校長位置退休，成為春風化雨的表率。

　　瓦迪亞老師：高傲自負、教學經驗豐富，是 9A 資優班老師。既瞧不起奈娜，也表示 9F 班的學生不屬於這裡。最後發現學生受自己的教育態度影響，認為可以輕易霸凌 9F 班，於是在公開場合上為學生抵罪，帶出勇於認

錯及修正改變的態度，也顯露教育人員言行合一的重要。

可汗老師：影響奈娜人生重要的老師，也是片中保留原著最完整的角色。在全校集會表演上讓奈娜上臺，使大家認識妥瑞氏症，並了解患者需要的對待及協助。大部分的老師教導知識，有的老師卻啟發學生一輩子。他的啟發使奈娜立志當老師。

9F 班學生：來自社會底層的孩子，因為階級產生的隔閡，早習慣被歧視的處境，在自暴自棄的心理下搗蛋作亂。在理解奈娜對他們的用心後，終於願意敞開心扉，突破自我框架。

｜開啟思考的延伸提問｜

● **奈娜老師看待教育及教學的方法，對我們有什麼啟發？**

她用更貼近學生生活的行為或比喻來引發學生思考，例如質疑與嘗試的區別，她以粉筆畫黑板發出的刺耳聲來展示，只要把粉筆頭摘掉一些，書寫就順暢了。

她去貧民窟家庭訪問，看學生如何生活，從中找出每個人的特長，給予機會讓其發光。還有以自身經驗教孩子更具同理心，並拿海面出現的北極星，要學生找到人生的方向。

● **電影除了妥瑞氏症外，還論及哪些課題？**

老師的妥瑞氏症與班上貧民窟學生的階級，呈現一個呼應的狀態，妥

瑞氏症成了人生困境的隱喻，這是電影厲害之處。我們有沒有了解、面對自己，並把缺點及限制逆轉成優勢？

　　妥瑞氏症是奈娜受苦的來源，也成為她得以理解、同理學生的原因。她不僅想翻轉教育，更進一步想翻轉階級，而「教育」才是翻轉階級的關鍵。

　　片中同時著墨政治、種族、貧富差距及教育圈中競爭的祕密，奈娜「努力讓每一個人的打嗝聲都可以被聽見」，意思是每個人都有「妥瑞氏症」，重點在於自己有沒有察覺。

● 我們的嗝嗝症狀是什麼？為什麼「嗝嗝」讓電影變得精采動人？

　　嗝嗝可進一步延伸至人與人之間，或是每一個團體及階級之間的牆壁及隔閡。在春風化雨的電影類型中，嗝嗝老師的特別之處在於透過表象的病徵，看到打破隔閡、翻轉生命並非不可能。

● 原著主角為男老師，電影則將性別改為女老師，凸顯什麼觀點？

　　電影背景在印度，印度學校中，女性的奈娜不但代表著性別弱勢、年資弱勢、健康弱勢，也反映帶班學生在成績、資源與階級上的弱勢，加總起來，她就是弱勢中的弱勢。當我們處在弱勢的困境中，是習慣別人的歧視，還是自己也因此認命？

《我的嗝嗝老師》
電影預告

《逆著風的旅行》Yomeddine			
埃及	2018 年出品	片長 96 分	普遍級

最可怕的不是病毒，是人們的恐懼

圖片提供／飛行國際

　　痲瘋院區的巴薛為虔誠基督徒，在妻子過世後，決定解開身世之謎。他騎著驢子，踏上萬里尋親之路，院區的孤兒歐巴馬，偷偷躲在驢車裡跟著上路。

　　旅途中發生了被歧視、打劫、受傷、驢子死亡等意想不到的狀況，當巴薛全身襤褸找到父親家時，這是他想停駐的地方嗎？本片傳遞，當我們解開深藏心中的結，也就找到了自己的天堂。

｜本片亮點｜

難得一見的埃及電影，也是埃及影史上首部入圍坎城影展的競賽片。以細膩溫柔的人道關懷，描述痲瘋病人與孤兒，踏上彼此依偎萬里尋親的公路旅程。旅程中觀眾可見千年存在的尼羅河、金字塔及沙漠風光，但社會的偏見與歧視、貧富差距，也千年不變。

面對苦難，他們憑藉信仰的力量，勇敢逆風前行，相信在審判日到來時，每個人不因外表、性別、身分、階級而有不平等待遇。電影中傳遞人權平等的呼喊聲，特別讓人鼻酸。兩位主角皆為素人，卻以極為寫實、貼近人生的表現，演出自己的故事。

｜值得學習的角色｜

巴薛：又被稱為野獸哥，疼愛妻子的痲瘋病患，與孤兒歐巴馬的關係，如同非血緣的爸爸。一心希望審判日來臨時，可以被公平對待。他不放棄的堅強意志，支撐他行過萬里尋親之路，但面對原生家庭，竟近鄉情怯。

歐巴馬：又被稱為野牛弟，是充滿能量、信奉伊斯蘭教的孤兒，敢於追求自己想過的生活。跟著巴薛的旅程中，不時展現對巴薛的鼓勵及關心，甚至當巴薛不敢踏進家門時，他主動找巴薛的哥哥來相認。走過這一趟旅程，才發現最想念的地方，正是來時之處。

身障大本營夥伴：當巴薛、歐巴馬兩人一無所有、疲累不堪而癱倒路旁時，伸手救援的一群人，顯現出人性善良的一面。雖然身體殘障，但相挺的義氣、互相幫忙的善心，著實給一般人當頭棒喝。

哈比：巴薛的驢子，是他的財產也是家人，是這個世上唯一不會歧視主人的生物。牠盡責到最後一刻，因任重道遠而累死。

| 開啟思考的延伸提問 |

● **什麼是痲瘋病？痲瘋病患該有自己的生命尊嚴嗎？你的看法是什麼？**

痲瘋病又稱為漢生病，由痲瘋桿菌造成的慢性傳染病。傳染性其實很低，但因患者臉部產生扭曲與肢體變形，造成大眾的恐慌及害怕。

這種病菌從公元前 1000 年的古埃及發現第一例開始，慢慢傳遍世界，曾被視為絕症，不是殘酷拋棄患者於荒野，任其自生自滅，便是將他們隔離起來；後來痲瘋病可以被抗生素治療，從 1954 年開始，每年一月最後的一個星期天為「世界痲瘋病日」。

痲瘋病在許多電影中皆有著墨，長久以來，從大眾對它的恐懼與刻板印象中，能看見最可怕的不是病毒，而是人性的恐懼。因為恐懼，病患的人權與生命尊嚴幾乎被剝奪殆盡，常遭受異樣眼光及歧視之外，雪上加霜的是，在許多宗教及國家的認知中，皆認定他們是罪人，所以才會得病。

● **喜歡電影的結局嗎？為什麼這樣的安排？**

巴薛與家人相認後，沒有留在原生家庭，而是決定回到痲瘋區；之於原本的家，他像一位過客，從小長大的痲瘋區，才是他的歸宿。

這一趟旅程，是巴薛卑微生命的展現，也是導演人道關懷之處。巴薛想在審判日來臨前，找尋生命的源頭，了解被拋棄的原因，然後與自己、家人和解。苦難過後，他終於可以放下，不再需要遮擋面容的紗帽，安心歸去。

● **電影裡用哪些象徵手法來隱藏真相？為什麼？**

電影用音樂，空景、幻覺的鋪陳，隱藏很多被忽視的真相，甚至連電影海報都把主角畫成漫畫。這是為了不讓人看清真實的臉孔，怕觀眾難以接受？電影呈現恐懼、被歧視的痲瘋病患，但又用很多東西，將讓這些族群受苦的原因遮掩起來，帶給觀眾抽絲剝繭的空間。

● **電影英文原名為「審判日」有何寓意？**

沙漠中的金字塔之於隔離區的垃圾山，前者是至高的階級；後者是窮人的寶山；歐巴馬做給巴薛的面紗帽，就如同導演的鏡頭；巴薛是基督徒，歐巴馬是伊斯蘭教徒，兩個宗教都視痲瘋病患為「被神放棄及被詛咒的對象」，兩人是被遺棄卻形同父子的底層人。

宗教帶給巴薛的只是等待，冀望當審判日的到來，神可以公平的對待他。現實世界中的人道關懷與協助，只存在身障大本營中，但已讓巴薛得到心中的救贖了。

《逆著風的旅行》
電影預告

《我還小，但我能改變世界》Forward			
法國	2019 年出品	片長 84 分	普遍級

兒童是世界的現在與未來

圖片提供／捷傑電影

　　本片聚焦在祕魯、幾內亞、法國、印度、玻利維亞的孩子，藉由荷西成立「兒童銀行」、艾莎杜發起「反對童婚」、阿杜拍賣畫作募款「幫助街友」、伊娜創辦「兒童之聲」報紙，以及玻利維亞三位童工成立工會，保障童工權益的行動，讓世界看見未來的主人翁如何主動出擊，扭轉不公，讓人見識兒童展現公民意識的強大力量。

｜本片亮點｜

　　一部以兒童視角傳遞正能量又感動人心的紀錄片。藉由各國好幾位兒童的成功案例，告訴世人，每個人都有能力也有機會改變社會與國家。

　　這些孩子不因年紀而受限，對生活所見不公義之事，勇敢提出觀點與做法。特別是處在第三世界國家及高風險家庭的孩子，必須早熟承擔家計的辛苦，經由這些孩童提出的創新做法，希望改變許多苦難孩童的命運。

｜值得學習的角色｜

　　荷西（祕魯）：紀錄片主角，透過他的口述，串聯起其他主要孩童。

　　6 歲時發現祕魯許多孩子因貧窮無法上學、吃飯，於是成立第一間兒童環保銀行，將孩子收集的可回收資源出售給企業，便能從自己帳目中存錢支付學費。

　　他在家自學，最大的助力是爸爸，常開車載他穿梭各學校宣揚理念。意志堅定、計畫縝密，因而吸引更多大人或企業一起參與。

　　艾莎杜（幾內亞）：12 歲，發現同學小小年紀被迫結婚，過著悲慘的生活。童婚帶來的家暴等身心傷害問題，讓她到市場四處傳達童婚的可怕，也成立幾內亞少女團，阻止童婚的發生。除了到學校演講外，她也找警察幫忙，之後也爭取幾內亞首都市長的支持，並在市政府廣場舉行反童婚的大型活動。

阿杜（法國）：10 歲。3 歲時看到路人對街友冷漠以對很傷心，開始拿家中物資幫助街友。

在父母全力支持下，他不僅幫街友買食物，還跟他們握手聊天，並以自製油漆噴畫募款，受到餐廳支持而開畫展。小小力量卻得到不少媒體報導，臉書追蹤人數達六千四百多人。

伊娜（印度）：11 歲。文盲父母為了讓孩子受教育，舉家搬到新德里，住在陰暗的地窖中。

在有心大人幫忙下，她創立「兒童之聲」報紙，「因為兒童沒有發言權。」他們上街採訪，寫下一篇篇應受照顧卻被奴役的兒童故事與心聲，透過報導力量，為街童爭取更多關注與權利。

彼得、凱文、喬瑟琳（玻利維亞）：具多重身分，除了童工外，還要參加工會街頭運動及上學。他們認為孩子從小必須學會分辨是非，才能在成長過程中發揮改變力量。

於街頭遊行中鼓勵更多童工站出來，為自己的命運奮鬥，呼籲童工團結起來反剝削，要求每個童工需要健保，以及政府提供免費的上學物資。他們工作不只為了家計，也幫助其他人改變社會。

｜開啟思考的延伸提問｜

● **對片中哪個故事最有感？他們的成功原因？有哪些值得我們學習？**

他們的成功有幾項原因：

1、強烈的動機與從生活中得到的想法。

2、獲得一位以上的家人支持。

3、懂得尋求更大範圍的支持，從學校、社區開始，吸引更多市民，並加入民間機構團體，甚至得到政府機關協助。

4、方法具體可行。

5、運用媒體傳播的適度力量推波助瀾，例如荷西參加「年度國際兒童氣象獎」競賽、經營個人臉書、適時接受採訪等。

● 「大人說話，小孩不要插嘴」這樣的觀點是否應該改變？

荷西認為，自己的使命是希望孩子能夠受到重視，使人認真看待兒童，讓兒童有發言權。兒童也應該關注與自身相關的時事議題，並學習表達意見，而且「每個孩子都值得父母付出」。

在資訊發達的網路時代，孩子需要的不僅是讀書就好，更要學習關注自己與周遭，培養公民素養。

● 除了五大主角外，影片還提到哪些影響世界的兒童、青少年？如果我們進一步想實踐表達對社會環境的關心，可以從哪些方面切入？

在參賽「國際兒童氣象獎」中，有一位全程坐火車，最後抵達的瑞典氣象女孩格蕾塔，她曾公開譴責各國領導人，在氣候變遷上光說不做；早在27 年前，就有加拿大女孩在世界高峰會上，呼籲各國提出修補臭氧層破洞的方法；也有孩子希望，有一天非洲所有人都有乾淨的飲用水；為了上學而

遭槍擊，爭取女性受教權的馬拉拉；美國佛州槍擊案倖存女孩發起管制槍械運動……他們都透過實際行動與關懷，希望世界更美好。

　　我們可引導孩子們從生活中觀察日常，打開五感，善用靈感，就能漸漸建構出關注社會的公民議題行動。

《我還小，但我能改
變世界》電影預告

《蘿莉破壞王》System Crasher			
德國	2020 年出品	片長 120 分	輔 12

我的叛逆，只為了一個小小願望

　　被診斷出過動、有情緒障礙的 9 歲女孩班妮，像個不定時炸彈，已遭許多社福機構拒絕，只能進出臨時收容所。當別人碰觸她的臉時，會立刻激出極端的失控行為：嘶吼、暴跳、打人。她唯一的心願，就是回家跟媽媽住。

　　後來社福機構給她安排一位陪讀員，將她帶入森林的渡假小屋，過著沒水、沒電、沒網路的生活，看能否改變？但她的情況來來回回，於希望之中又被打回原形。在無計可施下，只能將她送往肯亞……。

｜本片亮點｜

　　本片是高度讓觀影者感到無力、不舒服又情緒緊張的電影，真實呈現危險又極端的兒童案例，凸顯家庭教育、社會制度的失能。此片獲得柏林影展銀熊獎，無論是演員、劇情或音樂，都表現高度精緻與巧妙的手法。

　　劇中女主角失控的情緒，不停挑戰觀眾的「三觀」，也讓人懷疑教養與教育的翻轉，是否真能夠幫助孩子？劇情真實到血淋淋的地步，直搗整個制度最陰暗又無力的角落。然而，在社福機構被踢來踢去的孩子，社工、家人

還能怎麼辦？女主角的案例如同社福制度的冰山一角，映照出有更多孩子的
處境無法被改善。

｜值得學習的角色｜

班妮：來自單親家庭，有情緒管理障礙，不能接受任何人碰觸到她的
臉，否則會立刻抓狂。暴戾的行為下，內心敏感又脆弱，極度渴求媽媽的
愛。只有在藥物控制及被關在衣櫥的黑暗空間中，才能慢慢平靜下來。演員
表現驚為天人，成為影史上最年輕影后。

海勒：班妮的陪讀員，有著類似班妮狀況的過往，但漸漸可以融入社
會，順利結婚生子。在陪讀過程中，慢慢產生對班妮的同理心。他帶著班妮
到森林小木屋，藉由探索大自然，療癒自己的內在，是個願意多做事的體貼
社工。但當班妮過度介入他的生活，危及家人時，他只好選擇放手。

瑪麗亞：富同理心，是兒童福利部裡針對兒童安置做統整協調的社工，
常身處兩難之中，但言語又盡顯通達溫柔。她盡責的態度，不得不讓人對第
一線社福人員致敬，但他們的薪水卻如此不成比例。

圖片提供／鴻聯國際

｜開啟思考的延伸提問｜

● 班妮的原生家庭有什麼困難？什麼情況讓她加速惡化？

　　班妮的媽媽不斷換工作、伴侶，深怕她交到壞朋友，狠心把她丟去社福機構。原生家庭的失能及結構上的不平衡，讓她在社福機構被來回丟包，加上學校體制、人際關係無法順暢，都是加重她情緒繼續失控的壓力「過敏原」。居無定所、童年創傷、制度的僵化及侷限，都成了無法解決問題的惡性循環。

● 觀影過程中，你對班妮的際遇有什麼心情起伏？

　　據統計，全世界 100 位兒童中，五～七位有如班妮一樣的情緒困擾，他們在不同醫院與社福機構中穿梭，就是無法融入社會體制。

　　班妮在學校打人、破窗逃跑，一再的情緒失控，一再的用藥控制。短暫的平靜維持不久，恐怖的行為緊接其後……來來回回，觀影者的心情如坐雲霄飛車起起落落，既受不了她，又同情她；覺得她可怕，又覺得她可憐。

　　本片導演表示，她曾看過一個小男生被不同機構丟來丟去五十多次，因此想寫一個故事來傳達這些孩子難以被理解的困境，也希望提出來詢問大家該如何是好？她沒有給一個圓滿結局的答案，就是將狀況赤裸呈現，希望觀眾將心比心。

● **影片中不同社工師有不同見解及處理方式，如果是你，會怎麼做？**

　　依德國法令規定，未滿 12 歲的班妮，能夠安置的機構相對較少，醫生只好以調高劑量的方式來鎮定行為，甚至用到大人治療思覺失調症的藥物。如果是我們，會像陪讀員帶她去森林？還是讓她真的去肯亞？

　　電影真實呈現社工、醫師、輔導人員在資源不足時遇到的窘境，也看到陪讀員對她的好，讓她產生移情作用，造成更大的波折。制度的制定，是否真能幫助解決特殊孩子的痛苦，醫治孤獨的靈魂？

● **電影的結局，給觀眾什麼感受或啟發？**

　　最後結局停在衝撞停機坪玻璃的畫面，而衝撞玻璃的行為在電影中出現許多次。玻璃象徵一種框架及限制，班妮用殘酷方式一再衝撞，她的憤怒與拚命，就是想像片尾那樣，如一隻鳥般自由飛翔。

　　這是部一直在衝撞觀眾情緒、觀感的電影，讓人不禁反思：世界這麼大，9 歲的女孩竟然沒有安身立命的地方？教養到底該用什麼方式？只有愛夠嗎？只有包容好嗎？當我們打著正義旗幟來批判誰對誰錯時，這部電影告訴我們，所有的專業人員都盡力了。我們也從中可知：孩子從小的情感依附性若沒有得到滿足，成長過程的內在創傷便會形成外顯行為。

圖片提供╱鴻聯國際

《蘿莉破壞王》
電影預告

《迷雁返家路》Spread Your Wings			
法國	2019 年出品	片長 113 分	普遍級

土地，是我們向後代子孫借來的

氣象學家計劃駕駛輕航機，引領失去母親的白額雁順利完成遷徙路線，但補助計畫卻遭巴黎博物館拒絕。此時，沉迷於電玩的兒子托馬，來跟著他過暑假，父子關係從一開始的疏離，到雁鳥孵化後，展開一連串密集訓練的過程中，逐漸變得密不可分。

這一趟穿越北海的遷徙計畫能不能成功？給媒體及社會大眾帶來什麼樣的影響？一家人又能否因此而破鏡重圓？

圖片提供／飛行國際

| 本片亮點 |

本片可說是滑世代青少年版的《返家十萬里》，改編自法國真人實事。電影中可以一覽法國美景及壯闊的北歐風光，還有野雁跟著輕航機一起飛翔的珍貴畫面，讓人深刻感受生態教育的意義。2020 年下半年，全臺灣犬貓數首度超過 15 歲以下孩童人數，我們的人道關懷也應該從人的身上，擴及更廣的範疇。

「科技在進步，但生態保育觀念卻在退步。」片中的這句對白提醒我們，保護瀕臨絕種生物，維持大自然生態平衡刻不容緩。本片有法文、中文版本，適合家長帶幼兒園以上的孩子共同欣賞。

| 值得學習的角色 |

柯斯提安：人物原型來自法國氣象學家，對於做正確的事情分外執著，為了讓計畫順利完成，不惜鋌而走險。他的遠見及堅持，多年來成功復育了許多保育類雁鳥。

托馬：整日沉迷於電玩的青少年，被迫與爸爸相處後，成了雁鳥群的媽媽。遺傳了爸爸的固執與勇氣，為拯救將被帶走的雁鳥，偷偷開走輕航機，與雁群展開彼此都是第一次的萬里遷徙大旅程。

阿卡：白額雁群中的一隻異類，是最為孤單、弱小的頰黑雁，受到托馬最多關愛與照顧。遷徙中常常落後其他雁鳥；在穿越暴風雨時，最被擔心能

否平安通過考驗,但托馬從未棄牠於不顧。

　　寶拉:柯斯提安前妻,托馬的媽媽,在巴黎上班的能幹女主管。托馬私自的行動,讓她丟下工作全程守候,並重新修復與前夫的關係。從一開始的不諒解,到最後在遷徙計畫的緊要關頭伸出援手,因為她的放手與支持,終於讓計畫圓滿成功。

　　女記者:關心環境議題,並從影音平臺發現托馬行蹤,在她推波助瀾的深入報導下,托馬的行動成為全民焦點,也讓計畫重獲政府與博物館支持。

圖片提供/飛行國際

｜開啟思考的延伸提問｜

● 電影改編自哪位氣象學家的真實實驗？什麼是「銘印」作用？

　　氣象學家柯斯提安・穆萊克，有「法國鳥人」之稱，曾因帶一群受困野雁從瑞典遷徙到德國而聲名大噪。利用雁鳥與生俱來的「銘印」作用，讓人為的遷徙操作實驗成真。

　　銘印作用是當鳥破蛋而出時，認為第一個看到的對象是其爸媽，並且依照指示，跟隨學習行為而成長。

● 電影裡出現的書《騎鵝歷險記》，故事內容關於什麼？

　　1907 年出版，由第一位獲得諾貝爾文學獎的瑞典作家賽爾瑪・拉格洛夫寫的長篇童話小說。

　　調皮搗蛋的男孩尼爾斯，因故意捉弄小精靈，而被小精靈施法變成拇指大小的小人。此時，一群雁鳥從天空飛過，他便騎在家裡的鵝背上，跟著雁群周遊列國，歷經八個月才返家。

　　書中生動記述了瑞典的地理、生物和民俗，使得該書風靡全國，成了大人小孩喜愛的經典讀物。

● 臺灣每年會出現哪些保育類鳥類？

　　有紅尾伯勞，最常被提到的則是黑面琵鷺。黑面琵鷺於每年秋冬之際，從韓國飛來臺灣七股避冬，成了臺灣無汙染的觀光財，2017 年在臺灣的數

量高居全球第六。在工業開發與重視生態保育的今天，兩者之間孰輕孰重，常處在互相拔河的處境。希望在文明開發的同時，也要尊重物種的生存權。

● **電影片尾最後出現一些相關數據，目的是什麼？**

　　歐洲在三十年內，失去了四億兩千萬隻鳥，法國每年有八萬頃土地變成鋼筋水泥。此外也引用印地安人俗諺：「土地不是我們向祖先那裡繼承而來，而是向後代子孫借來的。」溫馨動人的故事背後，在在提醒我們，生活中也要關懷土地、重視生態永續。

《迷雁返家路》
電影預告

延伸片單特搜

1、《只有大海知道》Long Time No Sea
臺灣｜2018 年出品｜片長 96 分｜普遍級

導演以長期田野調查的經驗，透過簡潔真摯的鏡頭，講述偏鄉青壯人口外移、親子相處不易的情境。大海知道什麼？知道教養最重要的是陪伴！

2、《五個小孩的校長》Little Big Master
香港｜2015 年出品｜片長 113 分｜普遍級

一個用心的老師勝過一百個苦力的警察！改編自真實故事的熱血電影，入圍香港金像獎最佳影片等五項大獎，傳達了翻轉教育的信念與堅持到底的決心。

3、《老師你會不會回來》Turn Around
臺灣｜2017 年出品｜片長 108 分｜普遍級

改編自真人真事暢銷小說，深刻描繪王政忠老師一路進行翻轉教育的心路歷程。他曾經想落跑，因為九二一大地震而下定決心留在偏鄉，翻轉學生的未來。

4、《戰火下的小花》The Breadwinner
阿富汗、愛爾蘭｜2017 年出品｜片長 94 分｜普遍級

改編自知名兒童文學作品的動畫，描述塔利班政權下的阿富汗，女孩為生活與家人，只好女扮男裝。是一部令人感同身受的電影，呈現人生活在性別不對等社會的困境。

5、《再會吧！青春小鳥》Have a Song on Your Lips
日本｜2015 年出品｜片長 131 分｜普遍級

改編自暢銷小說，小島上的中學合唱團找來知名鋼琴家當代課老師。師生關係從厭惡到親密，透過音樂與歌聲，化為關愛治癒每個人過往的傷痕。

6、《如常》Walking Dharma
臺灣｜ 2019 年出品｜片長 71 分｜普遍級
透過導演長期拜訪踏查，深刻記錄一群無名的志工，帶給獨居老人、失親少年、罹癌患者和與生命搏鬥者無限的溫暖，「天使」原來在人間。

7、《阿紫》The Good Daughter
臺灣｜ 2020 年出品｜片長 83 分｜普遍級
身體不便的阿龍迎娶來自越南的阿紫，從吵吵鬧鬧的對話中，流露對彼此的相知、相惜、相守。本片讓人思考結婚的意義，映照新住民女性處在異地的文化衝擊。

8、《我想有個家》Capharnaum
黎巴嫩｜ 2018 年出品｜片長 126 分｜輔 12 級
導演深入貧民窟，勇敢揭開貧富差距的殘酷事實，全片皆為非職業演員，演出與自身處境相近的角色，曾入圍奧斯卡最佳外語片。

9、《犬之島》Isle of Dogs
美國｜ 2018 年出品｜片長 101 分｜保護級
鬼才導演魏斯安德森驚豔影壇的新作，榮獲柏林影展最佳導演銀熊獎，故事描述小男孩為了尋找愛犬，奮不顧身衝撞體制，展開一場史詩般的冒險旅程。

10、《薩爾加多的凝視》The Salt of the Earth
法國、巴西｜ 2015 年出品｜片長 110 分｜保護級
萬人滿谷的巴西礦坑、蒼鬱綠意的印尼叢林、西伯利亞海的荒蕪小島……巴西攝影大師薩爾加多的足跡遍布全球，透過黑白照片與導演訪談，讓人認知到關懷大地與環境的急迫。大師的終身使命為逆轉生態逆境，留給觀眾無窮希望。

_____年_____班／座號：_____姓名：_____

亮點拍手停看聽

一部激勵人心的電影會讓我們挺起胸膛，唱出自己的歌！
一部感動人心的電影會讓我們關心社會，表達更多的愛！

♪ 《聽見歌再唱》充滿許多笑點與哭點，請寫出或畫出你心目中的「十大亮點」！

1.	2.	3.	4.	5.
6.	7.	8.	9.	10.

♬ 電影改編自馬彼得校長的故事，現在讓我們從不同層面來看臺灣本土的特別情感。

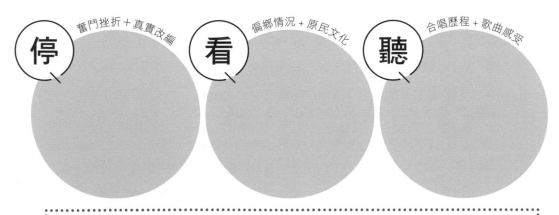

停　奮鬥挫折＋真實改編

看　偏鄉情況＋原民文化

聽　合唱歷程＋歌曲感受

一部成功的電影需要幕前和幕後通力合作。你想讚美哪位角色、演員、導演或工作人員呢？

★我想對（　　　　　　　）按讚，因為：

_____年_____班／座號：_____姓名：_____

金句名言排行榜

一部精采的電影往往會有讓觀眾刻骨銘心的對白，
我們鬥陣來討論和分享吧！

當你必須在正確與仁慈之間做選擇，選擇仁慈。

有人小心眼，我們就寬宏大量。

臉是我們記錄人生軌跡的地圖。

每件事情都有兩個不同的事實。

他不能改變他的長相，我們可以改變看人的方法

善以待人，因為每個人都在為每個人的人生奮戰。

偉大是靠內心堅強的力量，以身作則、激勵人心。

如果想看到人生真正的模樣，你只要用心去看。

我可是拚了命才讓自己這麼帥。

排行榜	票數	電影的金句名言	給我的想法和影響
1			
2			
3			
自選			

我印象深刻的情節：

我認為太空帽代表的意思：

_____年_____班／座號：_____姓名：_____

刻板印象透視鏡

在電影中，他們因為外表、宗教、種族或性別而受到不平等的對待。
你是否也曾經因為各種原因受到歧視，遭受異樣眼光甚至被排擠呢？

⊙ 請在下方的表格中寫下你的經驗，放入上面貼有「我曾被這樣對待」的盒子中。
⊙ 全班輪流抽出一張紙條，大聲朗讀後，放入另一個貼有「請你以後尊重我」的盒子中。
⊙ 請寫下對今天活動的反思：

• 我印象最深刻的「刻板印象」

☐   ☐   ☐
☐   ☐   ☐

• 我學習到

• 我以後可以

- - - - 請 - - - - - - 沿 - - - - - - 虛 - - - - - - 線 - - - - - - 撕 - - - - - - 下 - - - -

| ★ 我曾經被限制或要求做下列我不喜歡的事 ★ ||
我被要求的事情	我的心聲
你是男生，所以不能哭！	男生也有表達自己情緒的權利

樂活力
Courage and Passion

學習愛自己、愛他人、愛地球
實踐存好意、說好話、行好事
小確幸也能成就大幸福
減法人生散發原味覺醒的馨香

活出共存共榮
共好幸福

　　亞里斯多德認為，人一生所做的事情，皆為了追求「幸福」。而什麼是幸福？臺東均一高中董事長嚴長壽說：「人生當中一定要攀登兩座山，一座是定義自己，另一座是奉獻社會。」幸福是一種長時間持續的身心滿足，是追求至善中，感官與心靈獲得的平衡共處。

　　就如 108 課綱的全人教育精神：自發、互動、共好，因此在這一章「樂活力」中，我們把重點擺在從學習「愛自己」，擴及生態保育、關懷地球，一直達到人與自然永續共好的目標。

　　現代社會中，每個人都因忙碌而過勞，許多高收入的新貴們，看起來光鮮亮麗，精神卻處在緊張、憂鬱、焦慮的狀態，或許物質並不匱乏，幸福卻有所缺憾。因此產生一些願意放棄高薪的新世代，去到鄉野，透過不同方式追求自得其樂、同時關照土地的生活。

　　這兩年全球爆發的新冠肺炎疫情，拉大了彼此距離，也縮小了生活空間，當所處空間變得狹隘時，我們要如何怡然自得、保持身心平衡？由此可見樂活的重要，特別在這個世代，「樂活」必須從小就開始培養。

　　「碳為觀止 LOHAS：節能環保愛地球」是我們獲得「Great Teach 全

國創意教學獎」綜合活動領域類特優的教學設計。在我們定義的 LOHAS 裡：L 代表低碳 Low Carbon，聚焦在資源利用；O 是有機 Organic，用以探討氣候變遷；H 表示和諧 Harmony，與生態平衡共處；A 為行動 Activities，確實在生活之中實踐；S 代表運動 Sports，以此達到身心健康快樂。

▌跳脫紙上談兵的體驗和實踐

我們針對 LOHAS 每一個英文字代表意義，選出五部電影：《明天過後》、《白色大地》、《駭人怪物》、《螢火蟲之星》及《夢想無限》來當教案文本，並搭配心智圖、魚骨圖、天秤圖、環扣圖及九宮格等概念構圖，同時設計了五種體驗活動：自製手工皂、種植有機蔬菜、參觀綠建築圖書館、交換禮物、去關渡騎單車，讓學生更能了解、體會樂活的真諦。

全部的教學活動整整進行一年。當年之所以獲得全國創意教學特優獎，在於評審認為計畫雖然龐大，但結合了影音媒材、邏輯分析、實際操作的行動，讓環保不流於紙上談兵，更有劍及履及的行動力。

把電影融入教學，更讓計畫發揮極大的效果。孩子在看過災難片《明天過後》及紀錄片《不願面對的真相》後，發現若人類繼續虐待地球、威脅環境，世界將變得危機四伏、一片荒蕪。看了法國描述北極熊故事的《白色大地》，深知地球暖化造成的冰層融化，破壞了北極熊及環境生物鏈，會帶來

可怕的生存困境。

　　而韓國驚悚災難預言電影《駭人怪物》，呈現出人類汙染河川，使河裡的魚變種為反噬人類的怪物。日本片《螢火蟲之星》則表現出小朋友改變環境，成功復育螢火蟲的力量。在臺灣紀錄片《夢想無限》中，看到臺灣創意人才發展尖端科技的太陽能車，出國比賽的歷程；片中主角畢業後，有些人還成了研發 Gogoro 的核心成員。

　　電影讓孩子真正認知，生態保育與我們生活息息相關；體驗活動則讓學生在生活中實踐樂活精神。

　　當我們把自己做的手工皂拿去推銷義賣，過程中雖充滿挫折，但也接觸許多善心人士。從一開始孩子覺得賣出自己辛苦做的肥皂，竟然要把所得捐做公益而有一些情緒，到最後賣力創造業績，開心捐出所得，讓我們真正感受到「幫助別人的同時，其實是幫助自己成長」的感動。

　　在我們訂出三「不」政策：不買、不包裝、不隨便的交換禮物原則下，讓每個人家中視為多餘的物資，能夠重新成為別家人重視的寶貝，心中反而增添拿到禮物的雀躍。

　　而種在學校屋頂上的有機蔬菜，在分配工作下，學生必須每天去巡視、澆水、除草、抓蟲。看孩子們開始關心蔬菜成長，女生練就不怕蟲的功力，收成後帶回家與家人共享，雖然被蟲吃過的菜葉看起來並不漂亮，但吃到自己種的安心蔬菜，學生都說非常清爽、美味。

　　幸福是一種需要付出與身體力行的學習，並從學習中感受到活著的美好，經由不斷實踐，才能影響周遭，直到改變環境、達到地球共好的一天。

　　在此篇樂活力，便是從人本出發，然後擴及生活及生態環境，挑選出下列相關電影，一同認識「LOHAS」帶來幸福感的重要。

體驗活動
愛陪伴
親子樂活講座

《不丹是教室》Lunana: A Yak in the Classroom			
不丹	2020 年出品	片長 109 分	普遍級

人生最豐盛的收穫，總在意料之外

圖片提供／飛行國際

　　故事描述一位年輕、不熱衷於教學，只等教書合約期滿，便要到澳洲實現歌手夢想的男老師，他從不丹的大城市，意外調到喜瑪拉雅山上，被稱為全世界最偏遠的魯納納學校教書。

　　當他來到「最高學府」，發現資源超乎想像的匱乏，教室連黑板都沒有，但從孩子們對學習的渴求中，找到為人師長及為人存在的價值及快樂。

│ 本片亮點 │

　　2020 年疫情期間於臺灣上映，獲得不錯的票房及迴響。片中可見被稱為世上最幸福國家的生活面貌，同時反思幸福的真諦，直視幸福的源頭。

　　電影在資源有限的情況下，於海拔五千公尺以上的高山，利用太陽能發電拍攝，留下珍貴的影像紀錄。電影除了男主角之外，其餘皆為素人演員，但渾然天成的生命力，恰如其分的演出了自己的生活，讓觀眾有看紀錄片的真實感動。

│ 值得學習的角色 │

　　烏金：一心想辭去公職、追求夢想的年輕老師。在魯納納教書的過程，看到孩子們在資源條件極度匱乏中，仍努力求學的態度，激發他為人師表的良善本質，自製教材認真備課，甚至託朋友寄來教具，請居民下山時帶回來。他是村莊裡備受尊重的老師，也從村民處學會適應及體驗生活，對生命產生更多體悟。

　　金帕叔：魯納納的村長，態度超然，值得敬重的長者，引領村民在嚴酷的環境中，保有對自然純樸的感恩。他不僅對老師敬重，也對牲畜犧牲自己餵養居民的大愛心存感激。清楚教育是傳承的根本，雖然村民需要老師，但也願意尊重老師去留的決定。

　　佩珠：聰慧善良的班長，卻有一個酒鬼爸爸。未來想從事的職業就是老師，她認為「老師可以看見未來」。

　　圓滿犛牛之歌：藉莎爾頓天籟空靈的聲腔唱出來的歌，「因為犛牛的愛而得以存活」的歌詞，傳遞面對天地深沉的關懷與感動。犛牛是全身都可利用的珍寶，牠的犧牲養活一代又一代的居民，讓生命與文化得以傳承。

　　魯納納村民：溫和、純樸、善良，由內而外充滿平和且從容美感的一群人。對老師極為重視與尊敬，心願是有一位可常留的老師，卻比登天還難。是在匱乏環境中活出真切幸福的人們。

｜開啟思考的延伸提問｜

● **不丹這個國家有什麼特別之處？為什麼幸福指數那麼高？電影中提到哪些幸福或與之相反的案例？**

　　不丹被稱有八個「世界之最」：幸福指數最高、人口密度最低、最高的山還沒被攀登過、全世界開發密度最低、第一個全面禁菸、最後開放電視跟網路的國家、全世界最愛人民的王室、全世界最英俊的國王。

　　但據報導，有了網路之後，人民的幸福指數有下滑傾向。科技帶來便利，讓世界距離縮短，也讓自然的生活與作息開始失衡。從影片中佩珠的爸爸便可知道，幸福國家中還是有不幸福的人。

● **魯納納還有哪些象徵意義？**

　　魯納納國小被旅人稱為「天堂的入口」，從不丹的大城市出發，需經八天長途跋涉才能到達。僅有 56 位居民的村莊原始不便、物資匱乏、沒電沒網路，但人與人之間卻如此親近。

　　它不僅是村莊，更是大自然的教室，是個世外桃源、人間淨土，擁有著人類嚮往的居住環境。對異鄉遊子來說，魯納納也代表一個離去的家鄉，充滿了鄉愁。

圖片提供／飛行國際

● 佩珠認為，老師可以看見未來，這是什麼意思？

　　英文翻譯中，把「看見未來」翻為「Touch the future」，其實我更喜歡 Touch 這字眼，「觸摸」比「看」更靠近未來，而且有實際接觸的感受。老師是會帶來不同新事物供學生操作、體驗的人。

● 電影談論到哪些議題、重點？

　　有很大篇幅在講偏鄉教育資源的貧乏、幸福的真諦、科技文明與環境如何永續共處、如何勇敢跳脫舒適圈、是否找到自己的本心、我們嚮往的心靈淨土在哪裡等。從魯納納教室裡求知若渴的孩子們，看到教育的希望，從「圓滿犛牛之歌」體認「供養」的感激，以及面對自然環境該有的心態與行動。

● 男主角最後有找到自己嚮往的幸福嗎？如果是你，會怎麼改編電影的結局呢？

　　很多人對烏金最後去澳洲酒吧駐唱感到扼腕，其實年輕的老師有追求夢想的渴望，讓他自由出去闖蕩，反而更能找到自己歸屬的幸福。

　　澳洲之於不丹，也是遙遠不易到達的地方。兩個極端，烏金都嘗試了。當他在文明城市唱著別人的歌曲，根本沒人理他，失落中唱出的圓滿犛牛之歌，反而受到關注。有時我們想拋去自己的過往，但在異地，它才是屬於自己的特殊存在。

　　飾演烏金的希拉布多吉是不丹的創作歌手，原本他計劃移民澳洲，拍完此片後，真的改變心意留了下來。

《不丹是教室》
電影預告

《幸福的麵包》Bread Of Happiness			
日本	2012 年出品	片長 114 分	普遍級

太陽的存在是要照亮你，你再去照亮別人

　　四段式的章節電影，敘述男女主角從東京移居北海道，在洞爺湖的月浦開了一家提供手工麵包的「瑪尼咖啡」。他們利用當地食材，為客人烹調出每一份溫暖的餐點，並在春夏秋冬，迎來帶著不同人生困境而來的客人。透過盡心服務，不只讓客人微笑離開，自己也從中找到真正的快樂。

　　這裡特別聚焦談秋天的故事，一位哀傷的小女孩故意錯過上學公車而來到咖啡店。原來小女孩正經歷媽媽離家、父母分手的孤單，藉由店主夫妻的食物，以及刻意安排與父親的晚餐，重新找回父女一起生活下去的力量。

｜本片亮點｜

　　這是一部原味覺醒的影片，於細膩輕柔的劇情中，察覺自己的內在，進而產生一股生命的流動。毋須太多物質與消費，放慢腳步努力生活，在日常中累積出的小確幸，終能成就大幸福。

　　北海道自然的美景、豐富的農產、住民淳樸的熱情，從手工麵包到人與人之間的交流，都是慢下腳步才能品出的好滋味。由於電影太療癒，使得北

海道月浦、瑪尼咖啡店和相關周邊商品都成了網路熱搜。

｜值得學習的角色｜

麵包：是電影裡傳遞樂活、幸福概念最重要的角色。從男主角一開始製作麵包過程，得知要做出好的東西，每一步都不能大意。簡單美味的麵包，需保有新鮮食材的原味，也要重視過程及製作者的心意，展現了人與人之間情感的誠意。

水縞：心地善良、溫柔體貼的新好男人，是瑪尼咖啡店製作麵包的老闆。深知幸福必須耐心等待，就像麵包置於烤爐中，仍需再靜置發酵，並且火候到位，才能美味出爐。他相信秋天的女孩未久有足夠能力走出哀傷，大人千萬不要在她情緒上來時急忙插手，只需要給她一點時間。

理惠：在溫柔、善解人意的表象下，有著不如意的成長過程，一直把哀傷深藏在心中，始終在找尋自己的幸福。接受水縞提議搬到月浦，經歷春夏秋冬招待、療癒客人的過程，終於找到自己的「瑪尼」，並開心迎接下一個客人──自己的孩子。她不吝送出溫暖，幸福便如迴圈般回到自己身上。

未久：秋天來到咖啡店的小女孩，父母離異後，成了孤單的鑰匙兒童。面對媽媽的離去與爸爸的避而不談，她努力走出哀傷，再把堅強的力量傳給爸爸。原本只想喝媽媽做的南瓜濃湯，發現已不可得後，接受現實，與爸爸一同分著麵包、沾著理惠做的南瓜濃湯共享晚餐。最後走出店門外，主動伸出手，和爸爸一起牽手回家。

　　瑪尼（Mani）：代表己所不欲，勿施於人，富同情心又懂得說服別人，是善男信女心中追求的靈魂伴侶。《月亮與瑪尼》是理惠最喜愛的繪本，當故事中的月亮跟瑪尼抱怨太陽太刺眼，可不可以拿掉時，「太陽的存在就是為了照亮你，你再照亮別人。」瑪尼的回答，是貫串整部電影的重心。

｜開啟思考的延伸提問｜

● 「太陽的存在就是為了照亮你，你再照亮別人。」這句話是什麼意思？

　　繪本《月亮與瑪尼》是關於陪伴的故事。月亮與瑪尼，或許是獨立個體，或是一體兩面，從繪本呈現的封面與封底，可以讀出宇宙萬物，有陰有陽，有男有女，彼此既是獨立，又互相需要，點明我們既要陪伴自己，也要關照他人。

● 什麼是瑪尼？你的瑪尼在哪裡？

　　是人生中的一盞明燈，也可視為使人醍醐灌頂的智慧角色。就算在人生的低谷，也可將瑪尼放在心中，懷抱希望，終究有守得雲開見月明之時。

● 整部電影為什麼要用四段故事來做為結構？

　　夏天是戀愛的開始，秋天是婚姻的結束，冬天是人生的盡頭，回到春天則是新生的開始，連結出人生起落的悲歡離合。四季各有作物輪替、變換美景及嚴酷考驗，與出現的過客和鄰人交織出笑中帶淚的故事，這些都是生命

豐富的流動，也藏著幸福的契機。

● **電影用哪些方法與劇情，讓我們感受到簡單食物帶來的療癒力量？讓你感**
　到幸福的食物是什麼？為什麼？

　　食物有著不可思議的力量，不只是填飽肚子，也可彌補心中的空洞。在地食材經過簡單烹調後，將食物一道道端上桌時，客人開心滿足的表情，能帶來身心療癒效果。看完電影，我們也可開始學習做菜，除了增加家人間的互動外，也給家庭帶來幸福的感覺，每一道心中的佳餚往往來自於記憶的流轉。

● **什麼是幸福？你有什麼把幸福帶給別人的小方法？**

　　「沒有掙扎過的人是不會獲得幸福的。」「不論是誰，都會發現自己也有不孤單的一刻。」「在喜歡的地方，和喜歡的人一起，做喜歡的事情。」片中的臺詞，展現了能夠一起分享食物的人就是家人。

　　家人可以一起做好一件事，帶著相同頻率、價值觀來發揮影響力。大人不妨仿效電影情節，為孩子準備一個「好事存錢筒」，把做好事的幸福心情化做一枚硬幣，一一存起來，轉化為具體的能量累積。

《幸福的麵包》
電影預告

《太陽的孩子》Wawa No Cidal			
臺灣	2015 年出品	片長 99 分	普遍級

有一種力量叫溫柔，有一種母親叫土地

圖片提供／飛行國際

在臺北打拚的秀玲，原本的名字是 Panay，就是稻穀之意。因為父親病倒而回花蓮，才發現兒女對母親留下來的渴望如此強烈。當她看到村裡湧入一輛輛遊覽車，鄉間的田逐漸變成觀光飯店時，終於決定辭去記者工作，回到家鄉重新學習農耕及復育梯田的知識。

察覺到部落人民「賣地換進步」想法的背後，竟有政府與財團介入等錯綜複雜的關係，她決定面對挑戰，努力守住祖先留給子孫的土地。

｜本片亮點｜

本片是漢人與原民雙導演合作的作品，充滿清新單純的真實流暢感；這是雙導演之一的勒嘎・舒米，將關於媽媽的紀錄片《海稻米的願望》增添情節拍成的電影。舒米恩創作的主題曲〈不要放棄〉，則拿下當年金馬獎最佳原創電影歌曲與金曲獎最佳年度歌曲雙料大獎。

故事雖是講原住民如何復育稻米，另一層涵義彷彿在講臺灣，我們是誰？有沒有忘記自己？

｜值得學習的角色｜

Panay：漢名秀玲，盡責的單親媽媽及媒體記者，是充滿自我覺醒的女性，如同太陽般散發光和熱，照亮家人也照亮整個部落。有著極強烈保留環境及傳統的使命，除了積極向各政府機關爭取經費，決心把水圳、修好恢復耕作外，同時告訴孩子守護自己家園的重要。

Nakaw：Panay 的女兒，一直以來是家中替代母職照顧弟弟的堅毅角色。因部落居民賣地態度與母親不一，遭同學誤會，也對媽媽不諒解。但在媽媽復育稻田的堅持開解下，了解媽媽的不放棄，也不忘記自己名字的深意，在田徑比賽與守護土地上奮戰不懈，成了部落的另一個小太陽。

太陽：阿美族語稱為 Ina，母親之意，是創造天地的最高神祇，也是他們母系社會的起源。在祂照耀下的孩子，有沒有自我認同？記不記得自己從

何而來？能不能堂堂正正站在自己的土地上，說著自己的語言及唱著自己的歌曲？除了象徵守護家園流血流汗之外，還有給予每一個為生活奮鬥的族群公平性。

｜開啟思考的延伸提問｜

● **電影中有哪些優美畫面與魔幻時刻，讓你身心為之開朗、振奮？**

在清晨使用傳統網罟於海邊捕魚的畫面；在陽光照射、微風吹拂下，層層翻飛的綠色稻浪；Panay 為了爭取資金，進行只有五分鐘卻感人誠懇的簡報；部落居民為了守住土地的稻米，老婦於抗爭中抓住原民警察的手，問：「孩子，你的部落來自哪裡？」還有小女孩 Nakaw 隻身抵擋怪手……這些畫面都緊緊抓住人心。

● **你知道臺灣還有哪些地方，以稻田為主要特色而發展觀光？**

例如臺東池上在許多藝術家經營之下，使得年輕人逐漸移居，創造出有別於傳統鄉村的景色。而附近傳統建築經過重新整理，逐漸形成樂居慢活的村落。

● **原住民部落可能遇到哪些處境？**

偏鄉教育條件不齊、醫療資源缺乏、青年人口外流、不夠完整的觀光發展策略、土地正義隱憂……但電影也不忘提醒我們擁有的自身優勢。

圖片提供╱飛行國際

《太陽的孩子》
電影主題曲

《我家有個開心農場》The Biggest Little Farm			
美國	2019 年出品	片長 91 分	普遍級

從無到有，創建共生共好小宇宙

圖片來源：《我家有個開心農場》電影海報 / 佳映娛樂提供

男女主角被稱為史上最瘋狂的夫妻，著手經營一片比大安森林公園大 3.5 倍的「杏花巷農場」。

在實踐經營「多樣性物種」的有機耕耘下，農場從一片死寂，到充滿多元畜牧牲口、果樹作物及野生動物，產生人與大自然共存、共生、共好的豐盈生態。

| 本片亮點 |

一部比劇情片更動人、更意外的紀錄片，前後花了十年時間記錄追蹤，見證一場自然生態復育回春的奇蹟。

雖然是紀錄片，但有著劇情片的結構，敘述約翰與茉莉夫妻領養一隻名叫塔德的狗，只要人一離開牠便不停汪汪吠叫，讓夫妻倆不得不搬到鄉下開農場。在有機、無毒、多樣性物種原則下，他們種了上萬棵果樹、兩百種作物，也養了許多動物。

攝影機跟隨兩個夢想家，記錄他們一路遭受困難損失，一面苦思解決之道及面對天災，終於從一片死土中，開創出綠色樂活的生機。

| 值得學習的角色 |

約翰：得過多次艾美獎的紀錄片導演，是位愛護動物、勇於探索及多方嘗試的人。將開農場的自身經驗拍成紀錄片，並用十年時間告訴觀眾恢復自然生態的可能，以及健康的生態將給人類帶來身心平衡的快樂人生。

茉莉：約翰的妻子，喜歡烹飪、植栽，同時也是美食部落客，因領養一隻狗而走向夢想，透過種地先養土、自然生物鏈「一物剋一物」的原理，打造無毒健康環境，種出營養肥美的食材。

艾倫：打造農場生態環境的顧問，也是約翰夫妻重要的生命導師，給予許多專業上的協助與建議，讓約翰夫妻從門外漢成為完成夢想的行家。

他提出模擬生態系統運作，打造多樣性物種農場的觀點，顛覆了以往單一物種的農場經營模式。在劇中因癌症過世，但打造人類與大自然共生共存的理念，成了杏花巷農場經營的重要哲學。

塔德：被約翰夫妻收養、有分離焦慮症的牧羊犬，是建立杏花巷農場的開端，從此翻轉主人的人生。在農場擔任警衛，並在其中過完一生。

艾瑪：農場養的第一隻豬，生產後患了重病，讓約翰夫妻非常擔心，想盡辦法治療撫慰，是農場主人重要的家人。後來成了農場明星，扮演照顧者的角色，收留雞群中鬥敗的公雞油頭，並且成了一對伴侶。

｜開啟思考的延伸提問｜

● 約翰夫妻經營的杏花巷農場，從無到有遇到什麼考驗及試煉？

一開始被朋友嘲笑，募款一年就用盡。面對一片死土，從大量養土開始，然後遇到果樹被害蟲侵蝕、牲口遭郊狼咬死、還遇到加州十八年來的大火……種種災難下，依舊不改自然友善農法的原則，成就最後讓人大開眼界的時刻。

● 農場經營跟生態保育如何保持雙贏？電影中提到哪些案例？

由於蝸牛吃掉果樹葉，導致果樹無法開花結果，於是養一群鴨子去吃蝸牛，也間接獲得鴨蛋產量的豐收；對付郊狼、土撥鼠，也是利用萬物相剋的方式來處理。他們的做法讓人省思，降低生產成本的打藥除蟲，其實讓人類

付出更為巨大的代價。

● 從電影的哪些內容，可以看到農場主人對生命的樂活態度？

　　雞生出的蛋裡，竟然還有一顆雞蛋，讓人直呼不可思議；豬與雞跨物種的愛情；農場主人不忍槍殺狼，想出更人道的方式來防治；食物鏈的養成，讓人類生存與自然環境達到和諧，雖然需要經過七年以上的努力，方可得見……從農場主人的堅持，顯見樂活的重要與真諦。

● 農場的成功經驗，可帶給我們什麼啟示？

　　環保其實也是一門好生意，一萬棵作物、兩百多種動植物，加上數不盡的昆蟲，讓杏花巷農場得以養活六十多位員工，作物行銷全球，也成了持續熱門的觀光景點。此片是關懷環境、青年返鄉創業、農業植栽等相關議題最佳的參考範本。

《我家有個開心農場》
電影預告

《黑熊來了》Formosan B.B. is Coming			
臺灣	2019 年出品	片長 119 分	普遍級

沒有熊的森林，人也會寂寞

　　藉由一隻隻黑熊的故事，看黑熊、人類與臺灣重要的深情守候。黑熊不僅是臺灣一級保育類動物，也是許多時刻宣傳國家的重要形象，在保育工作上有著刻不容緩的急迫。

　　電影故事從 2008 年開始記錄，麥覺明導演透過鏡頭，於山林間探尋黑熊足跡、數量及生活過程。在翻山越嶺、設阱捕捉繫放的過程中，得到極為珍貴的畫面。片中涵蓋四隻黑熊的故事，最後將視角延伸至馬來熊與北極熊，對於同樣面臨生存危機的熊族，疾呼保育物種及維護自然環境的迫切。

｜本片亮點｜

　　導演花十一年長期追蹤拍攝黑熊而成的兩小時紀錄片。片中得見臺灣秀麗的山林美景，也看到生態保育的現況。跟著臺灣黑熊媽媽黃美秀教授的團隊深入高山，從記錄黑熊生態及捕捉繫放過程的第一手資料，窺見生態保育的重要。

| 值得學習的角色 |

黃美秀教授： 在美國求學中，發現對臺灣黑熊的狂熱喜好。回來之後投入黑熊的生態調查研究，成為臺灣首屈一指的人物。她的調查成就、看到黑熊受傷而不全殘肢的不忍，以及對黑熊展開救傷行動的行為，在在令人感動。

麥覺明導演： 為播了將近二十年《MIT 臺灣誌》導演，記錄臺灣從南到北大小山林絕景。此片更花了十一年，花費人力、財力、物力並跋山涉水，才拍到這些珍貴畫面。縱使投入許多，有很多時間根本沒拍到黑熊，由此可見涉入生態領域工作的辛苦，著實讓人敬佩。

研究團隊： 跟著老師腳步，不辭辛勞，既要煮飯也要工作，有時還得冒著生命危險。同時告訴大人，挖掘、支持孩子的興趣是多麼重要。這些年輕學子因為熱愛，看見黑熊、得到調查成果及救傷經歷，都成為自我生命的幸福時光。

熊吉拉： 高大威武、身手矯健，顛覆大家想像的一隻黑熊。面對團隊設計的陷阱，聰明使出各種瑜伽姿勢，避開陷阱吃到蜂蜜。牠的反應超越一般人對黑熊的印象，甚至改寫原有的研究資料，開啟了對黑熊認識的新篇章。

｜開啟思考的延伸提問｜

● **片中的四隻黑熊分別有什麼樣的故事？**

　　第一隻黑熊失去熊掌，讓人怵目驚心。黃美秀老師解釋，斷掌對年長母熊的生存將造成威脅，五爪只剩下頭尾兩爪，使牠們在爬樹時，無法穩固抓住樹幹。

　　第二隻公黑熊是熊吉拉。雖然胖壯，但靈巧、智商高，可使出高難度動作避開陷阱，並到攝影鏡頭前玩弄一番才揚長而去。

　　第三隻母熊，斷掌、斷腳趾、牙齒發炎，可知歷經多次捕獸夾的蹂躪。牠是團隊首次積極介入救傷的黑熊，經麻醉後從高山上被載運到臺北木柵動物園救治，之後回放山林的過程，有著難以想像的困難艱苦。經過一年追蹤，牠恢復健康，長胖許多。由此顯示人類的介入搶救，也可成功挽救許多保育類動物。

　　第四隻為南安小熊妹仔，掀起當時臺灣人民關注熱潮，並發起募集野果計畫。妹仔待在照顧中心長達八、九個月，受黃美秀老師團隊拿捏尺度的行為能力養成及訓練。當牠野放成功時，不禁讓觀眾熱淚盈眶，成了重要的生命教育。

● **電影讓我們釐清哪些對黑熊的錯誤觀念？**

　　受童話故事影響，以為遇到黑熊要爬到樹上或裝死，電影告訴我們這些全部錯誤。熊是爬樹高手，遇到時要保持冷靜，快步離開才是。

● **人類生活與保育類動物生存如何維持平衡？**

　　據美秀老師調查，十五隻黑熊中超過一半是斷掌，可知捕獸夾的可怕。但捕獸夾是許多獵人的謀生之道，因此在立法管制使用或運用的拿捏上，值得相關單位進一步討論及清楚制定。

　　人民也應該拒吃、拒買野味，在不破壞山林生態上，遵行無痕山林原則，凡走過不留痕跡。目前臺灣的黑熊數量估計為 200 ～ 600 隻，以保育安全門檻來說，必須達到 2,000 隻以上。黑熊依舊處在瀕臨絕種的處境。

● **臺灣黑熊對山林有何重要性？**

　　當大分山上青剛櫟果實成熟時，是山林動物來此開「Party」的時刻。美味的青剛櫟果實除了讓黑熊飽餐一頓外，也讓黑熊帶著這些種子離去、排遺散播，給了青剛櫟四處發芽成長的機會，是永續自然生態上重要的一環。從調查得知真正的臺灣黑熊有別於其他熊類，牠是會築巢的，更凸顯其特殊性。

● **到底什麼才是樂活？**

　　不僅追求自身過得健康快樂，也要與環境一起達到共存共榮的狀態。樂活的價值不是來自可量化的金錢報酬，而是為了自身夢想，為環境付出的點點滴滴。

《黑熊來了》
電影預告

《菜英文沒在怕》Samjin Company English Class			
南韓	2020 年出品	片長 110 分	普遍級

別人界定的範圍，不是世界的全部

影片描述 1995 年的韓國，三位女主角在三振集團工作已八年，雖然業務能力很強，但因只有高中畢業又是女性，只能處在基層，成為男性主管使喚的對象。她們在公司的「英文加強」班裡，發現公司私下破壞環境的不當行為，決定挺身而出，冒著被解僱的風險，也要對抗到底。看她們絞盡腦汁、抽絲剝繭，為探查真相冒險犯難，最後正義來臨，相當大快人心。

｜本片亮點｜

本片票房口碑俱佳，於嚴肅議題之中兼顧娛樂性，是部輕鬆有趣、感人至深、勇敢揭弊、實現社會公益與正義的電影，也讓觀眾明白，在追求個人快樂下，也需具備公民意識，讓更多人擁有樂活權利。

三位女主角在勇敢追查公司汙染環境真相的過程中，互相幫助扶持，同時找到工作及生活的意義。此片是喚起女性「原力覺醒」的精采示範，提醒大眾賺錢有術，環境也要顧。

| 值得學習的角色 |

李子英：生產管理部中勤奮能幹的職員，也是最先發現公司內藏違法行為的人。

發現弊端之後，她決定主動調查，並運用其一等一的業務推銷能力，說服其他兩位同期加入追求真相的行列。

鄭有娜：很愛吐槽、說話不留情面的銷售部職員，深具創意、喜愛偵探小說，是追查弊案中抽絲剝繭的高手。

沈寶藍：曾得過數學奧林匹克比賽冠軍，具數學天賦的會計部職員，辦案過程中，可將手邊資料快速數據化，找出更多量化證據，支持她們的假設推論。

奉部長：會計部門主管，因罹癌而退休，是個會鼓勵下屬的人，但同時也是公司不法勾當的推手。

因良心發現，提供寶藍許多線索，並以「別以為他人所界定的範圍，就是我們世界的全部」鼓勵寶藍勇敢向前。扮演著承先啟後，並且對自己錯誤做出彌補的範例。

｜開啟思考的延伸提問｜

● 電影裡出現哪些對女性不公的職場潛規則？

● 職場中的男性，認為女性只能做哪些工作？

　　三位女性能夠被聘僱，是因為聽話、容易使喚，可以做打掃工作，重點是薪水比男性低，在公司只要端茶水、泡咖啡、找文件、跑腿買香菸即可。為了升遷，她們去學英文。然而，英文好就不會被淘汰，並且得到升遷機會嗎？甚至有女性為了升遷，向公司保證永遠不結婚、不生小孩。

● 時代改變之下，公司面臨哪些改變？

　　公司面臨轉型中的不適應，包含：新舊體制產生的衝突、與國際接軌的挑戰、恐被豺狼虎豹集團吞噬的危機，以至於在追求營運發展及績效考量下，對汙染環境的態度很鴕鳥心態，以為沒看到就好。

● 大家覺得工作的意義與價值是什麼？為什麼三位女主角會願意站出來仗義執言？

　　電影中的一句臺詞說：「欺人太甚，必有反抗。」當我們覺得不公平時，就必須站出來有所作為；當我們覺得自己的人生必須有意義的活著，就要找到自己存在的價值，並且從工作中取得生存與樂活的平衡點。

　　工作給我們的意義到底是什麼？只是為了養活自己的薪水，還是像其他職員所說：「嘴巴講是非要分，不要同流合汙。但既然是公司決定的，我們就裝做不知道，安分守己做好分內的事情。」這樣就好？

　　原本女主角也採取鄉愿的態度，但後來發現「沉默只會造成更多人的痛苦」，也成了他人的幫凶，決定不再噤聲，挺身而出，不成為自己也不喜歡的那群人。

● **這部電影還帶給我們什麼訊息？鼓勵我們成為什麼樣的人？**

　　故事後面的鋪陳也許過於娛樂誇張，但片中提出「勇敢突破現狀疆界」，鼓勵大家突破自我，發揮自己最大價值的影響力，在實踐社會的公平正義上，為他人及環境發聲。

《菜英文沒在怕》
電影預告

《靈魂急轉彎》Soul			
美國	2020 年出品	片長 110 分	普遍級

「火花」是活著的熱情，不是活著的目的

喬是位夢想成為爵士樂團鋼琴手的中學老師，就在他得到千載難逢的表演機會後，卻在歸途發生意外。他在深度昏迷中來到「作古畢業班」，踏上通往天國的自動階梯。

不甘就這樣結束人生的喬，來到「投胎先修班」，被誤以為是啟發靈魂的心靈導師，之後遇到一直不願投胎的靈魂 22 號，師徒倆想了各種方法讓喬重回人世間，沒想到，一場靈魂上錯身的旅程，讓彼此找到生命真諦。

｜本片亮點｜

皮克斯第一部以非裔美國人為主角的動畫，像一部拍給大人看的影片，將前作《腦筋急轉彎》再往更高層次推進，透過靈魂投胎來探求每個人來到世間的意義。

結合佛教輪迴轉世及西方天堂的概念，發揮極致想像力，讓觀眾上一堂富哲學思考的生命課題，也給那些對未來及生活感到失望的人，試著從中找到自己。

　　在圓夢的過程中，到底什麼才是最重要的？希望觀眾可以真切體會，圓夢的意義不見得是成功的當下，而是歷程中每個珍貴的時刻。

｜值得學習的角色｜

　　喬：一心想成為爵士樂鋼琴手，卻鬱悶不得志的中學音樂老師，在進行一場成功表演後，發現成功的當下不過爾爾，反而是追求夢想的過程，面對必須解決的阻礙、傾聽別人的故事、旁人的打氣……才是珍貴的「火花」。當他無所求的再彈起鋼琴，浮現出生活中諸多美好的瞬間，終於明白什麼是人生真義。

　　靈魂 22 號：聰明、理性且厭世，在各種人生研討會中，遇過各種大咖的歷史名人導師，但都無法啟發他。反而錯置在冒牌導師喬身上後，才發現人生處處充滿亮點。這個角色讓人探討限制學生自由發展的僵化教育制度，而真正學以致用的體會，才能創造自我實現的價值。

　　傑瑞：在投胎及作古先修班都出現的關主，以 2D 簡單線條出現，如同一個至上的智者，本身存在多重身分。它在背地裡觀察許多角色，發現各自具有的潛力，並讓其盡情闖蕩，再從中看出每個靈魂適合的道路。最後為喬網開一面，讓他有返回人間的機會。可說是鼓勵教師成為心靈導師的投射。

　　火花（Spark）：靈魂降生於地球的通行證。原以為火花是指個人專長或夢想，直到最後才會明白，火花是存在於人世間的熱情。所以，好好活著，去體會平凡生命中一點一滴的小事，才是點燃快樂的源頭。

楓樹種子：喬看著紐約街頭一顆螺旋飄落的楓樹種子後，終於感知到，活著可以欣賞這些美妙的片刻是多麼幸福。種子代表著別人對我們的善意、嚐到的美味、聽到一首動人的音樂、聞到喜歡的香味⋯⋯種種小事就像在心中不時飄落的種子，讓我們對活著更具喜悅與活力。

｜開啟思考的延伸提問｜

● 這部電影有什麼創意之處，讓我們在感受愉悅中又得到心靈啟發？

電影把極具深度的課題，用魔幻又寫實的方式在不同場域交錯進行。它的結構複雜，但又把難以理解的想像世界具體呈現：如作古畢業班中通往天堂的自動階梯，還有靈魂先修班裡，靈魂寶寶必須學會成長，拿到地球通行證才可投胎。

在真實世界畫面中，出現很多擬真場景：紐約街頭、現場表演，都讓我們身歷其境。此外，透過靈魂上錯身的安排，從對方的角度、感受來映照自己未曾發現的事物細節，因而引發反思。

● 為什麼電影劇情主軸和故事，都跟爵士樂有關？

爵士樂是黑人重要的靈魂，以自由即興演出的風格告訴大家，人生也許有計畫，但最精采之處，反而在即興發揮的當下。也許人生走在一條固定的道路上，但勇於突破，才能得到意外收穫。

● **到底什麼才是有意義的人生？電影中的火花跟成功有什麼關係？**

　　喬的媽媽認為，若喬成為正式老師，不僅就業有保障，還有退休金與保險，那才是成功的人生。我們常從職業帶來的附加價值來斷定人生成功與否，但最後我們看到，媽媽與喬的認定相差甚遠，沒了追求夢想的目標，喬永遠覺得人生有缺憾。

　　我們往往把追求夢想、美夢成真視為人生目的，但電影也告訴我們，追夢過程的小小快樂與感動更為重要。

● **在疫情當下，這部電影帶給觀眾什麼啟發？什麼才是真正的樂活？**

　　疫情爆發讓許多人認清「計畫趕不上變化」的道理。為什麼要將靈魂設定為 22 號？22 可能是剛大學畢業、揚帆待飛的年紀，因為疫情，把許多外出闖蕩或出國深造的計畫都打亂了。

　　但想想，人生一定要達到某種成就或目標，才會幸福快樂嗎？換個角度思考，疫情讓我們有更多與家人相處的時間，有更多沉澱心靈、放下執念的機會。真正的樂活，是懂得欣賞當下每件小事的美好。

《靈魂急轉彎》
電影預告

延伸片單特搜

1、《我的妹妹小桃子》My Sister Momoko
日本｜2003 年出品｜片長 72 分｜普遍級
日本教育廳選定推薦的優良動畫電影，扣人心弦的故事加上生動自然的中文配音，適合低年級一起進行生命討論。

2、《逐夢上學路》On the Way to School
法國｜2014 年出品｜片長 77 分｜普遍級
從摩洛哥、肯亞、印度及阿根廷四個國家的小主角，展現出如何在極為困頓的環境中努力求學，映照出人權、特教、性別與生命等議題。

3、《幸福路上》On Happiness Road
臺灣｜2018 年出品｜片長 110 分｜普遍級
金馬獎最佳動畫長片，引領觀眾穿梭臺灣 1980 年代起的時代變遷，從個人生涯選擇，類比社會文化的潮流演進，觀眾是否也和主角一樣，在自我追尋中得到勇氣？

4、《哪啊哪啊～神去村》Wood Job!
日本｜2014 年出品｜片長 116 分｜普遍級
一部在輕鬆逗趣中讓人感受大地之美及人性之善的佳作，看慵懶宅男如何在深山中搖身一變，成為森林陽光男子漢。

5、《這一生，至少當一次傻瓜》Fruits of Faith
日本｜2013 年出品｜片長 128 分｜普遍級
根據真人真事與小說改編而成，是笑中帶淚、溫馨勵志的小品，獲日本及亞洲的熱烈迴響，帶動青年返鄉開創樂活人生的風潮。

6、《寧靜咖啡館之歌》The Furthest End Awaits
日本、臺灣｜ 2015 年出品｜片長 119 分｜保護級
外在的寧靜帶來內觀的革命，以柔情與諒解書寫生命中的課題，臺灣導演將日系柔情搓揉出極度療癒的情感流動。

7、《跟著 Ikea 衣櫥去旅行》
The ExtraordinaryJourney of the Fakir
法國｜ 2018 年出品｜片長 96 分｜保護級
「決定人生的不是機會和命運，而是你自己。」只要發揮想像力，就能勇敢實現夢想？改編自全球暢銷奇想小説，一部讓人在歡笑中思考人生意義的佳作。

8、《哈囉掰掰，我是鬼媽媽》HI Bye, Mama!
南韓｜ 2020 年出品｜共 16 集｜輔 12 級
因車禍去世的母親居然重回人間，但只有 49 天的投胎期限，看她如何一步步完成人生中的美好缺憾。讓觀眾揪心之餘，學習不留人生遺憾。

9、《就愛斷捨離》Happy Old Year
泰國｜ 2020 年出品｜片長 114 分｜普遍級
符合現今流行的「極簡」生活，詳細呈現日本斷捨離大師的處理步驟，看主角待人處事技法，反思自己人生經驗，原來與自己和解、彌補和他人的遺憾，才能真正「斷捨離」。

10、《游牧人生》Nomadland
美國｜ 2020 年出品｜片長 107 分｜普遍級
2021 年奧斯卡最大贏家，囊獲最佳影片、導演、女主角等大獎。全片充滿特有的溫柔細緻，用鏡頭寫下動人的靈魂旅程，讓金融風暴下的「游牧者」保有尊嚴和良善。不同的生命故事，不斷在路上相遇、相知、相惜，由此體悟，樂活人生盡在心之所向、家之所在。

小記者養成記

「幸福嗎？很美滿！」但幸福到底是什麼？又在哪裡？
讓我們變身為小記者，和同學進行採訪：「生活幸福感大調查！」

小組主題

工作內容	負責人		採訪題目
		1	
		2	
		3	

小組主題

受訪者	回答重點
1.	
2.	
3.	

我們採訪後整理出來的「幸福感」報導

我的發現

幸福的美味時光

根據專家表示：料理的過程總是讓人感到特別療癒！
欣賞電影之後，你是不是也躍躍欲試？一起和同學或家人試試吧！

幫這道料理取的好名字：

料理製作人：

準備的材料及用具：

烹煮料理的步驟：

獨家的料理祕訣：

過程中印象深刻的事情：

我難忘的一道料理：

料理會讓人感到幸福的原因：

●原因：

_____年_____班／座號：_____姓名：_____

幸福生活LOHAS

《幸福的麵包》裡說：「幸福就是和喜歡的人在喜歡的地方，一起做喜歡的事情。」你對幸福有什麼想法呢？我們一起來思考及分享吧！

電影傳遞的涵義

電影的象徵物

有幸福感的事情

我認為的幸福

我心中的幸福圖像

親子共創的經驗

我的幸福妙招

我想表達的感謝

幸福時，我會…

思辨力
Critical Thinking and Problem Solving

我思故我在，我在故我思
觀點不是人云亦云
真相不是只有一種
多元思考＋多角平衡＋多方求證
才是解決問題的最佳策略

多元視角
開啟寬闊眼界

　　笛卡兒說：「我思故我在。」人類因思考產生更多想法，然後才能明辨是非。臺灣長期受升學主義影響，念書成了學生唯一的重點，卻忽略了探索自我生命、關懷周遭環境，也是需要重視及培養的能力。

　　思辨力不易養成，因為它需要長時間的學習；必須保持理性，同時帶著懷疑，加上去除偏見，收集更多資料證據，才能找到堅定的方向。桑德爾教授從 1980 年起，擔任哈佛大學部通識課「正義」主講，就是帶領學生進行一場「思辨」之旅。他提到，公民教育的基礎，來自於思辨的範疇。

　　思辨的重要，在於我們能從不同角度看同一件事，經過理性分析，產生判斷是非的能力。特別在網路資訊爆炸的時代，沒有思辨能力的孩子容易被牽著走，甚至成為有心人的幫凶。

　　在我們學校進行了十五年的電影生命教育課程中，關於思辨，三年級必看法國電影《玫瑰少年》，四年級則看法國電視影集《老師上課了》的其中一集〈壞孩子〉。前者探討性平議題，後者是探討性侵的影片中，難得適合學童觀賞的片子，而且成了每屆同學期待的作品。

▌ 接納所有的不一樣

　　《玫瑰少年》描述搬到新社區的小男孩，在歡迎派對時，穿著女裝現身。接著，電影以不同角色視角：本人、兄弟姊妹、父母、鄰居、老師、同學、心理學家，來看當出現和一般不一樣的人事物時，我們用什麼態度對待對方？

　　我們將關注的重點，放在少年的心路歷程、內在感受及別人行為帶給他的情緒反應上。當他家遭鄰居噴漆，父母開始吵架，小男孩覺得都是他的錯。姊姊告訴他：「這不是你的問題，是上帝搞錯了。」哥哥在學校看到他被霸凌，不敢出手相救，於是他回家躲進冰箱，準備凍死自己。片中，只有外婆是最理解他的人。

　　接著，我們以「記者會」的形式提出一連串問題：如果你是這部片的演員，你想演哪個角色？角色的心聲是什麼？如果你當記者，想訪問哪一位？想問什麼問題？

　　在孩子的作答中，有人想演小男孩或爸媽，也有人想扮演「上帝」，問祂：「你為什麼要這樣開玩笑？」

　　然後繼續往下延伸討論，日常生活中，看過哪些跟我們性別形象不同的人？「唐鳳。」有同學答：「還有鍾明軒。」於是，我們告訴同學臺灣發生過的葉永鋕事件，他被稱為臺灣版的《玫瑰少年》，天后蔡依林 2018 年也發表同名歌曲，還獲得金曲獎年度歌曲獎。

▌關注黑白世界的小角落

《老師上課了》則是一個離職法官到不同學校當代課老師的故事。他在多年處理案件時發現,許多涉案的青少年,背後都有不得已的原因,而且跟教育都有極大關係,於是辭去法官,去當代課老師。

〈壞孩子〉敘述一個小女孩,畫的圖總是黑白色,並且出現一個躲在角落的人。在一次在校外教學時,法官裝上紅鼻子跟女孩說:「你把我當成小丑,小丑是不會把祕密說出去的。」於是女孩開始說了,爸爸對她做了一些事情,因為她是壞孩子,要她不能說出去,包括媽媽;如果講出去,別人就知道她很壞。

法官詢問女孩的原班級老師,卻驚訝發現,老師一直都知情,卻不動聲色,因為她也曾有相同遭遇。她跟媽媽說,卻沒有人相信,甚至責怪她破壞家庭原本和樂的樣貌。

後來法官想出值得學習的辦法,他在課堂上請同學背上一個重重的背包,詢問學生的感覺?「好重啊!」學生大叫說。

法官問:「如果今天這個背包是我們的祕密,每天都背著祕密,是不是很累?那怎麼辦?」「說出來啊。」有同學說:「讓別人來幫忙,才不會這麼辛苦。」

配合影片,我們設計一個叫「性平跳跳 TEMPO」遊戲,並準備 20 個詞語,如老師、總統、法官、乳癌、子宮頸、勇敢、亂七八糟……跟女性有關的向右跳,跟男性有關的往左跳,不分性別的則原地不動,答對最多的就

是班上的「性平大使」。遊戲結束後，帶學生討論：哪些題目容易出錯？是因為生活中的刻板印象嗎？這些對我們會產生什麼影響？

▎童話背後的多重解讀

此外，我也搭配日本電視節目《童話法庭》來訓練孩子的思辨力。《童》劇由真人扮演童話中的人物，從審訊一個案件，看檢察官、律師提出哪些不同的攻防觀點。如《三隻小豬》中，檢察官起訴小豬們預謀殺死大野狼，狼媽媽做證指出，小豬燒一鍋熱水，還壓上大石頭，都是存心要殺死大野狼的證明。

審案的過程裡，讓自己原本認定的觀點，在聽了不同人的說法後，看會不會改變？我曾去新加坡小學參訪教學，觀看三年級的印度老師，用《三隻小豬》中的大野狼版本，讓學生開辯論會。辯論前，老師讓學生先選擇誰是誰非，辯論之後，再選擇一遍，比較看看在聽了別人的說法後，自己的原有立場是否產生動搖。

誰是誰非沒有標準答案，而是我們找到什麼論點、證據去說服別人，這整個思辨的過程，才是最重要的地方。

在此提醒讀者，選擇思辨類型電影，基於某些議題較為尖銳、敏感，必須特別留意級數，好做分齡欣賞。針對性別、家庭、宗教、職業等多元面向，推薦下列幾部電影。

體驗活動 1   體驗活動 2
背包的重量   性平跳跳 TEMPO

《當他們認真編織時》Close-Knit			
日本	2017 年出品	片長 127 分	輔 12 級

家，有分正常和不正常？

小女孩的媽媽又一次因情感需求而離家，她只能再去投靠舅舅。這次，她發現舅舅身邊有了一位做完變性手術的女友。溫柔的舅媽幫她綁辮子，為她做便當，並教她用編織來忍耐及排遣內心的憤怒，帶給她如母親般的愛與照顧。班上有一位喜歡男生的男同學，女孩從不敢靠近，到最後與他互相扶持。

以為從此可以成為幸福的一家人，但媽媽回來了，如此兩難的情境，如果你是小女孩，該怎麼辦呢？

圖片提供／捷傑電影

| 本片亮點 |

以孩子視角來看敏感尖銳的性別議題，沒有強烈批判，也沒有標準答案，只期待觀眾看著角色經歷困惑、辛苦的成長，有沒有得到心態或觀點的改變？片中透過四個不同的母親，和一個想要成為女人跟母親的角色，在同一情境中對話，呈現不同的教養方式。

什麼是正常？什麼是對錯？當孩子因不同於一般的處境而在學校遭孤立、霸凌時，導演用溫和、堅定的方式，去挖掘真實而深刻的情感；平淡的故事線中帶著詼諧與感傷，勇敢碰觸尖銳議題，讓這場溫柔革命發揮寓教於樂的力量。

| 值得學習的角色 |

友子： 孤單少言而獨立的女孩，在舅舅女友凜子身上感受愛與力量，漸漸知道如何讓自己成為堅持自我觀點的人。看到他人對待凜子的歧視言語，逐漸發展出勇敢、堅強又具多元視角的性格，成為可以照顧大人的小孩。

凜子： 溫柔、優雅，從小就覺得自己是女性的跨性別者，擅長編織、打理家庭及照顧人，散發強烈母性光輝。即使別人用惡劣的方式對待她，都可以找到化解的方式。她的正向，來自於背後有支持她的強悍母親。

文子： 凜子的母親，充滿善解人意、對抗外在的強大能量，認同及支持孩子認為的性向。以買胸罩、做假胸部化解孩子青春的煩惱與哀愁，讓孩子

對未來有更多期待，可說是年輕人夢寐以求的母親。

　　牧生：友子的舅舅，對人體貼但生活大而化之的暖男，傻氣中有著擔當。因看到凜子細心照顧母親而愛上她，後展開同居生活。對於人際關係有著細膩的觀察，很懂得開解凜子與友子的創傷。

　　煩惱君：用毛線編織而成，象徵讓凜子從小煩惱的假陽具，也是許多人物的替代物件，是性別情感上的煩惱、錯縱複雜的人際關係，想獲得別人認同的糾纏……最後一把火燒掉 108 個的儀式，超度了過往，重生了現在。

｜開啟思考的延伸提問｜

● 片中出現許多食物與做飯時刻，哪些可以感受到導演傳遞扭轉性別印象的畫面？

　　友子的媽媽是幾乎不做飯，讓便利商店的飯糰成了友子最討厭的食物，因為缺乏家庭的關愛。出現做飯時刻的畫面，掌廚者都是男士，是文子的男友，還有動了變性手術的凜子，凜子雖然性別改變，仍有改變不了的大手，透過這些顛覆家中煮飯者是女性的專利。親手製作與外面購買，差別不在性別而在情感。

● 電影為什麼以孩子角度貫串整個故事，帶給觀眾什麼想法？

　　孩子的角度更容易呈現多元觀點，純真的孩子最容易沒有偏見跟歧視，重要的是在認知過程中，身邊信賴的人帶給他什麼觀點。友子對喜歡男生的

男同學小海，從一開始礙於同儕壓力而反感，到後來一次次接觸而感受對方的溫和善良，兩人還可以成為朋友。孩子的價值判斷不需太過二分法，偏見與歧視，多半來自後天觀察大人行為而養成。

● **電影中多種母親形象，有何差異？**

　　有設身處地為孩子著想的文子，任性離家的廣美，對孩子從小管教嚴厲的牧生媽，維持良好社會形象又恐同的小海媽。這些母親養出了溫柔的凜子、獨立的友子、溫和的牧生，以及只能以死對抗的小海。從親子關係上看，文子與凜子無疑最讓人欣羨。在諸多 LGBT 電影中，文子也的確是難得堅強、認同孩子又會排除路障的強悍角色。

● **我們該如何教養孩子？所謂「正確」的價值觀？**

　　不管孩子及親子之間的觀點是什麼，我們怎麼對待別人，孩子就會學習我們。如果大人的眼界、心胸不夠寬闊，我們又怎麼能期待，孩子身心能夠更加健全及不帶偏見的成長？

《當他們認真編織時》
電影預告

《來自星星的傻瓜》PK			
印度	2014 年出品	片長 152 分	保護級

神不會給人貼標籤，都是人分出來的

一名外星人因遺失飛行船遙控器而無法回家，他開始在印度各城市四處詢問，最後得到「要如何回家」的答案，就是去問神。

於是他四處尋找各種神祇，在虔誠的求神問卜中，發現人類說與做的差別如此之大，卻也意外的在地球上體會到愛的真諦。

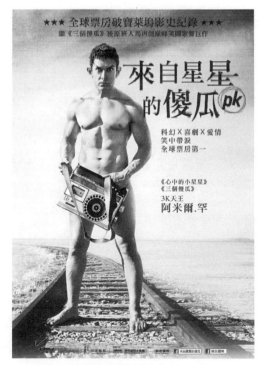

圖片提供／捷傑電影

｜本片亮點｜

　　一位從天而降的外星人，一位身處歐洲的印度女子，兩條平行線卻生出交集，在愛情文藝的包裝下，炮火猛擊宗教議題。本片由《三個傻瓜》幕前幕後團隊再度合作，挑戰禁忌特區，提出宗教與信仰的差異，讓觀者看得心有戚戚焉，衛道人士氣得跳腳。

　　本片不易之處，在於印度本為多神祇、多教派的國度，宗教與信仰早已生根在庶民生活中。本片敢於提出觀點來質疑，希望觀者綜合「理性與感性」的態度來看待宗教。導演狠狠挑戰相同類型電影的極限，也保留寶萊塢電影熱鬧華麗的歌舞場面，透過外星人的觀察告訴我們，盲目信仰、什麼都相信，形同什麼都不信。任何教派在電影中無一倖免，都被大大調侃一番。

｜值得學習的角色｜

　　PK：印度語意為「笨蛋、傻瓜」，是來到地球的外星人。他真誠、學習力強，能夠舉一反三，經不斷學習而成的超強思辨能力，得以在電視直播中扳倒知名神棍，讓人看到真理愈辯愈明的一面。

　　賈姑：獨立自主的女性，是個厭惡爛新聞、有媒體自覺的記者。欣賞PK 對宗教質疑的論點，與之合作下，多次創下高收視率。最後與 PK 攜手，以超強的邏輯推理及當場實驗證明，在電視直播上揪出神棍真面目，也挽回之前遭神棍作梗而中斷的愛情。

光頭大師：滿嘴謊言的神棍，卻偽裝成神的代言人，利用人性弱點從中斂財，建立龐大企業。這個角色給予觀眾當頭棒喝之感。

神奇遙控器：串起劇中一連串事件的關鍵物品，象徵宗教，也代表人類對宇宙神祕力量的嚮往。它顯現出人類喜歡追求一個外在的表徵，而忽略原本的真義。

｜開啟思考的延伸提問｜

● 這部電影跟其他與外星人類型電影，最大的差異在哪裡？

跟外星人相關的電影多不勝數，有的長相近似人類，有的怪異醜陋，當然也有英俊美麗的；除了少數與人類建立友好關係外，更多出現的是強大的入侵者，讓地球陷入危機。

但從未有這樣的作品，把外星人跟宗教做結合，產生一場關於思辨的腦內革命。主角在看似傻氣的外表下，卻看透了地球人內在的矛盾，是這部電影厲害獨特之處。

● 宗教與神有什麼樣的依存關係？我們可以質疑嗎？

在 PK 的觀點裡，神有兩位，一位是造物主，另一位是以謊言建造出來的「假神」。前者創造人類，後者為人類創造。面對真假眾神，我們怎麼分辨？PK 舉例，第二個神，如同打電話時的「搭錯線」，所以假神的話並不是造物主的真義。

　　印度教、基督教、耆那教、錫克教、伊斯蘭教……在 PK 無助祈求時，為何都沒有幫助他？神如果真的可聽到人類的祈求，為什麼還要賣雕像？由此得出結論：每個神明都成立一套規則，如同成立一家公司，這公司就叫做「宗教」。電影提出每個宗教透過不同服裝、儀式、戒律，再利用人的恐懼，得以發達。

● **男主角阿米爾‧罕被稱為「社會倡議」類型的翹楚，他如何善盡公眾人物的影響力，進而改變社會？**

　　他出身影劇家族，以前常演愛情文藝及動作片，被稱為印度四大天王之一的印度劉德華。2001 年開始，他一年只演一至二部作品，而且在電影裡放入自己想探討或訴說的社會議題。從《心中的小星星》到《隱藏的大明星》，他在作品中批判了教育制度，探討性別平權、家暴、女性自主等議題。在 2012 年主持《真相訪談》節目，更真實呈現印度為人詬病已久的種姓制度、非法墮胎女嬰、兒童性騷擾、殺蟲劑濫用等社會問題。

　　他發揮公眾人物的影響力，對社會強烈的批判及引發思辨的議題，改善了許多社會不公的現象，因而在 2013 年被《時代雜誌》選為全球百大影響人物，並稱之為「印度的良心」。

《來自星星的傻瓜》
電影預告

《無聲》The Silent Forest			
臺灣	2020 年出品	片長 104 分	輔 12 級

揭露真相或許痛苦，但不說更令人絕望

　　失聰的張誠轉學到啟聰學校就讀，發現自己心儀的女孩貝貝，居然在校車裡被迫玩一個「好玩」但不能說的遊戲。當加害者的氣焰高張、受害者沉默不語，盤根錯節的問題，慢慢把加害與被害推向模糊不清的界線，那些無可傾訴的心聲，難以被釐清及平撫的傷痕，該由誰來負責？

　　隨著故事的逆轉，於殘酷之中，又挖出更多讓人嘆息與反思的地方。「無聲」是指這些暗啞，也是被噤聲的孩子，

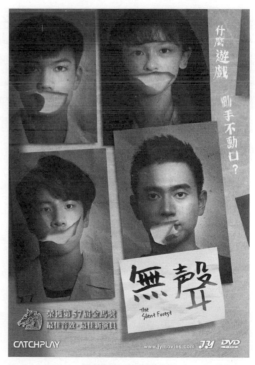

圖片提供／勁藝多媒體

正因說不出，所以無法控訴，也指那些心裡知道，卻無作為的師長，以及視若無睹的旁觀者。

｜本片亮點｜

「校園性侵」的發生到底誰該負責任？本片不同於相關類型電影《熔爐》，找一個義憤填膺的出口，而將是非對錯交給觀眾思考。這種手法更引人去研究當年的新聞事件，把性侵議題化為教材，成為教育單位及親師生必看電影。

片中觸及友善校園、性平事件通報、性平教育、霸凌、特教及斯德哥爾摩症候群等面向，劇情完整、表演到位、加上音效配樂，一步步將校園營造為恐怖、窒息的空間。

｜值得學習的角色｜

張誠：富正義感的啟聰學校新轉學生，初來的快樂，很快因發現駭人聽聞的真相而蒙塵。雖然挺身而出，卻被忽視，愈了解真相，愈發現事實並不單純，結果深陷其中，變成加害者。深陷痛苦及為難，依然堅持在遊戲中持續纏鬥。

貝貝：看似清純陽光，卻是強顏歡笑，一再忍讓。面對家人同儕，寧願把辛酸和血淚往內吞，深怕一旦說出來就被孤立討厭。寧可忍受欺負，也不

願回到聽人世界。

何允光：師長眼中的模範生，駭人聽聞事件的教唆者。原來，這是他從小四開始，遭老師長期性侵的結果。應該要恨的老師，內心卻生出渴望，斯德哥爾摩症候群的痛苦扭曲，大魔王的背後竟也讓人於心不忍。

王大軍：年輕熱血、充滿正義感，能夠用手語跟學生溝通的聽人老師，是學生與外界的橋樑，也是校園事件得以浮出檯面的重要推手，覺得學校雖然做了防堵、補救措施，但永遠都不夠。

何仙姑：被貝貝視為冥冥中守候她的仙女乾媽，以及自我投射的心靈寄託，也可能是貝貝罹患創傷後壓力症候群（PTSD）的象徵。

｜ 開啟思考的延伸提問 ｜

● **真實事件的始末是什麼？電影又如何改編？**

電影改編發生在 2009 年臺南啟聰學校（今為臺南大學附屬啟聰學校）的事件。過程中為避免二次傷害，沒有去訪問當事者，而以當年參與事件調查之社工、心理師等相關單位的說法，塑造出劇中幾位角色，再發展劇情。

當年高二女生遭學弟性侵，她以紙條與日記跟老師求救，卻被故意忽略。校長請家長高抬貴手，並建議兩人結婚。2011 年，由人本基金會協助家長進行國賠訴訟。隔年，監察院公布調查結果為 164 件性平案件，多次發生在校車及宿舍之中。

還原真實事件不是把矛頭指向特定人士，而是探討事情發生後，關於校

園安全及性平教育，如何從體制、親師生等環節上著手改進，才能杜絕悲劇再次發生。

● **為什麼電影中的師長聽到孩子被性侵，是那樣的反應？**

「傳出去，女生怎麼做人？」是貝貝祖母及校長第一時間的反應。正因社會大眾長期以不友善的眼光對待受害者，故以為隱瞞是一種善意，當社會戴著有色眼鏡時，被害者勇敢站出來將難上加難。

● **什麼是斯德哥爾摩症候群？**

斯德哥爾摩症候群是一種受害者對加害者產生情感或同情，因而認同加害者的觀點或做法，反過來幫助加害者的心理，又稱「人質情結」或「人質症候群」，是一種創傷後產生的依附情感，因為受害者這樣想，才不會覺得自己太可憐。

● **電影的結局為何這樣安排？有什麼暗喻？**

導演故意在劇情鋪陳上，先讓觀眾產生好人與壞人二分的邏輯判斷，然後再來個大逆轉，顛覆觀眾對原本事件的單一解讀。藉由多線故事的來龍去脈，了解人性的複雜，沒有絕對的善與惡。

加害者曾是受害者，以及學校保守封閉的處理態度，給人深沉的反思：在追求升學成績的過程中，我們忽略了多少發生在身邊必須關注的事？

電影勇敢直搗校園內的霸凌、性侵議題，看時義憤填膺，應該站出來的心情，在影終人散後，我們是否也能帶著正義感在生活中實踐？

● 為什麼電影中的受害者，後來會成為加害者？

受害者的遭遇若沒有被積極處理，容易產生一種消極心態，認為「做這些事很正常」，或是轉為報復，將自己憤怒悲傷等情緒轉嫁到他人身上，讓別人也品嘗同樣的滋味，久而久之，便營造出「大家都這樣」的氛圍。而每一次的隱忍，都會增加對方試探自己的空間，一步步愈來愈超過。要打破這種迴圈，就是讓受害者知道：「這不是你的錯。」

性，是個人極度隱私、於家庭與學校中很少討論的議題，當孩子進入性衝動及迷惘的青春期，愈是不討論，愈容易被誤導甚至誤解。

性侵本身帶來的憤怒羞恥，伴隨著性行為帶來的某種感官滿足，二者說不清的複雜感覺，一旦孩子沒有勇氣表明，大人就會漏接這些微弱的求救信號。只有對大人有足夠的信任，並有足夠的討論空間，孩子的求救訊息才會被釋放出來。

《無聲》電影預告

《你好，我是漢娜》First Day			
澳洲	2020 年出品	目前一季共 4 集	保護級

你只要知道自己是誰，以自己為榮

圖片提供／富邦文教基金會

　　轉學的第一天，漢娜非常忐忑不安，擔心別人會發現她不為人知的祕密。在適應新學校的過程，她崩潰發現祕密已在網路上被曝光。但在家人支持及好友陪伴下，她一步步勇敢面對自己、認同自己。

　　她的改變帶給同學正面啟發，也讓觀眾多了對生命的理解，原來每個人在邁入青春期時，都有過這樣緊張的時刻。

｜本片亮點｜

　　一部深刻描繪孩子邁入青春期及新環境，產生恐懼及擔憂的影集。藉由跨性別的漢娜角色切入，產生「正常」與「不正常」的討論空間。觀眾除了對跨性別增添理解與尊重外，更可將同理態度延伸至弱勢團體及個人，也提醒教育從業人員，是否因先入為主的刻板印象，錯失更多自我覺察的機會。

　　影集裡論及自我認同、同儕霸凌、網路酸民、親子溝通及性別友善等議題，因而獲得慕尼黑兒童影展性別平等獎。希望觀眾在看完影集，提高對多元議題的接受度，也願意替更多特殊群體發聲。

｜值得學習的角色｜

　　漢娜（湯瑪斯）：勇敢突破舒適圈、有著少女心的男生，做好跨性別的準備，又擔心來到新學校是否適應。在家人的支持與同學的理解中，一步步產生自我認同，不再畏懼。飾演漢娜的演員，本身就是跨性別者。「Make your own magic」是放在漢娜房間的擺設，亦是鼓勵自己的座右銘。

　　漢娜爸媽：善解人意、尊重孩子，不會把自己觀念強加於孩子身上，也懂得適時為父母的角色發聲。有耐心等待孩子準備好，給他們選擇的空間，讓孩子勇敢做自己。

　　傑克：漢娜的哥哥，大而化之、帶點搞笑的漢娜哥哥，也歷經過要不要接受弟弟變成妹妹的歷程。以不說教的口吻，還原漢娜小時候在商店試穿洋裝，不畏他人眼光的勇敢，幫助漢娜走出沮喪，重回學校。

　　奧莉維亞、奈塔莉亞：前者具領導能力、敢跟惡勢力對抗，主動對漢娜伸出友誼雙手的亞裔女孩；後者是友善、大而化之、個性直來直往的印度裔同學。兩人都成為陪伴漢娜的親密夥伴。在支持漢娜的路上，也讓自己愈來愈勇敢。

圖片提供／富邦文教基金會

伊莎貝拉：影集中「關係霸凌」的主要角色。一樣是轉學生，但總穿著長袖衣服，透露遮掩被家暴的訊息。一開始利用恐懼來控制漢娜，總是出現負面的行為，但希望觀眾可以看見她背後的故事。

阮校長、芙蕾斯老師：校長讓漢娜先使用無障礙廁所，在學校非官方文件上，都用「漢娜」這個名字。芙蕾斯老師常主動關心，並支持漢娜選班長，告知她洩密者，並且阻止伊莎貝拉霸凌的行為。兩人對待漢娜的彈性做法與適度關心，皆讓漢娜的學校生活更為順利。

｜開啟思考的延伸提問｜

● **英文片名為何叫「First Day」？什麼是跨性別者？**

「上學第一天總是最困難的一關」，對初來乍到者，面對新環境總有許多疑問、擔憂、害怕，這是片名取為 First Day 的原因。「第一天」在我們人生中的每一個階段，扮演重要的時刻，象徵每個人的人生都來到了新階段，我們要如何調整自己的情緒與心態，然後接受更多考驗。

跨性別者（Transgender）為後天的性別認同，與出生時的生理性別有所不同，而有轉換為認同性別的想望。特別容易遭到社會各層面的歧視與誤解。據調查，澳洲學齡孩童認為自己是跨性別者為 1.2%。

為什麼影集要關注這些少數弱勢的青少年？因為他們在成長過程中更容易遭遇霸凌、騷擾或歧視，落入身心俱疲、影響課業成績及心理嚴重創傷的處境。

● 導演對漢娜的三位女同學，有什麼刻意的安排？

　　三位同學中，分別為亞裔、印度裔及看起來膚色較黑，可能具原住民血統。漢娜是白人，理應比較強勢，但跨性別身分又使她變得弱勢。導演在搭配同學的選擇上，藉由不同膚色代表的種族，延伸出對待弱勢的議題。因為漢娜與同學相互支持、欣賞、尊重與包容的相處，而發揮出強大的同儕正向影響力。

● 你認為漢娜應該使用女性廁所，還是無障礙廁所？為什麼？

　　校長給漢娜使用無障礙廁所，是一種也考量其他人感受的彈性做法。跨性別該使用何種廁所？其中充滿許多解讀方式與思辨的空間，適合與孩子們討論。

● 我們有包容別人或被別人包容的經驗嗎？為什麼在團體裡有歸屬感相當重要？

　　國一階段是人生重大的改變，青春期又加劇身心起伏的震盪，關於包容與被包容的問題，可協助學生製作一個身分認同地圖來檢視，將以前與現在，生活、長相、興趣等改變，利用時間軸、心智圖或樹狀圖一步步觀看自己成長歷程，並從中發覺我們曾對別人的同理，或是別人對我們的好。

● **漢娜最後能完全認同自我的原因是什麼？**

這裡包含幾個不同層面：自我、家庭、網路、學校。

1、父母支持孩子做自己，同時堅持該執行的行為，給漢娜做出極大的保護網。

2、學校善意與保護的彈性做法，給了她安適的學習空間。

3、漢娜善用網路資源，觀看相同處境者拍攝的短片，得知自己並不孤單。

4、好同學不離不棄的關心與守候，帶來很多溫暖。

5、面對網路酸民惡言的同時，也看見支持者的聲音。

6、最後，當祕密被釋放時，也解放了漢娜。日積月累的勇敢，讓她儲備足夠能量面對霸凌。其善良的個性，不但願意幫助霸凌者，也獲得眾人喜歡。

《你好，我是漢娜》
電影預告

《我們與惡的距離》The World Between Us			
臺灣	2019 年出品	共 10 集	輔 12

什麼是好人壞人，誰有標準答案？

李曉明在電影院無差別開槍，造成多人死亡、受傷的社會慘劇，也因而將多人的命運交集在一起。一個事件，串起受害者、加害者及法律扶助律師三方家庭，在交叉敘事中，每個成員都面臨痛苦的邊緣。

本劇藉殺人或綁架案件，檢視原生家庭之於角色性格的掙扎與影響。當加害者家屬處在社會關注高壓下，他們的人權又在哪裡？

我們與惡的距離，其實比想像中還要近。

｜本片亮點｜

臺灣難得出現從震驚社會新聞事件中取材的作品，以「無差別殺人案」當主軸，帶出加害者、受害者、旁觀者及其身邊家屬，一同探討前因後果的劇集。影片不強調「是非對錯」，卻留下更多思辨空間，同時也帶起社會各界撰文評論劇情及相關議題。

慘劇事件的發生，我們看到在人性脆弱、試煉等愛恨情仇中，處在不同立場的相關者，可有換位思考的可能？劇情以多線敘事，交織出扎實、貼近

現代社會的故事。在大膽批判中，希望觀眾進一步思考人性與道德。結局的修復性正義，彷彿讓臺灣從集體創傷中，找到療癒的力量。

｜值得學習的角色｜

宋喬安：新聞臺主管，愛子在槍擊案件中過世，從此成了鐵血無情的人。以工作與酗酒來麻痺自己，使得婚姻、親子關係處在破裂邊緣。雖面臨媒體人兼顧收視與理想的兩難，最後仍堅持做媒體改革。

王赦：充滿理想的法扶律師，從小生長在孤兒院，對弱勢族群有更多同理與了解。常擔任變態殺人魔的辯護律師，希望挖掘出更多殺人背後的原委，同時給妻子帶來極度不安，差點婚姻破碎。

他堅信防止悲劇事件發生的方式，就是「善後」然後「預防」，因此，他一再為「犯人於行刑前說出殺人的內在動機」而努力，唯有知道動機，方能預防悲劇。

李大芝：活在哥哥犯案的陰影中，隱姓埋名帶著矛盾與愧疚生活著。在新聞工作中，她體會媒體的殘忍、嗜血，也發現主管是受害者家屬，終於在與主管爆發的衝突中說出：「媒體殺的人不會比我哥少！」但她總在思考，如果當時多關心哥哥，是否悲劇就不會發生？

應思悅：大芝的房東，個性樂觀積極，在弟弟思聰罹患思覺失調，爸爸生病住院，還要張羅婚事下，仍然帶給身邊人諸多溫暖。面對狀況百出的家人、解除婚事的處理，善良、不卑不亢，傳遞出很多力量，「笑開來，好運

才會來」是她的座右銘。

廖紐世：暖心的新聞臺資深主管，也是喬安的老戰友，可以說出每個人的心聲，也懂得用詼諧的方式，提醒喬安該注意的問題。

李大芝媽媽：兒子李曉明犯案後，她不斷自問：「到底我們的教育在哪裡出了問題？」同時自答：「全天下的爸媽，沒有人要花二十年去養一個殺人犯。」雖然得不到答案，卻願意勇敢面對及協助倖存者來做贖罪彌補。

| 開啟思考的延伸提問 |

● **為什麼這部影集在臺灣引起巨大迴響？**

這是一部探討許多面向又極度複雜的劇集，臺灣第一部以無差別殺人事件為主題，影射曾引發震盪的鄭捷、文化國小女童，以及小燈泡事件等，這些都是臺灣集體的傷痛。

劇集透過細膩的情節及角色刻畫，呈現各方觀點的處境，觀眾穿梭其中，常不禁自問：我們的觀點是什麼？與其在「善惡」中做選擇，不如在二元的灰色地帶，也許更能發現答案。

其中最重要的意義，就是希望「去標籤化」，當我們打著正義大旗，在網路上搧風點火，其實與惡的距離，也如此靠近。此劇如心靈雞湯般，看人與人之間的矛盾，祈求真相贖罪的渴求，於獲得寬恕的力量中，讓許多公民議題一一巧妙浮現。

● **該劇對媒體及網路的現象有什麼深入的討論？**

　　每集開頭都透過一則新聞報導，來看留言出現的一片謾罵與偏激觀點，而媒體又是如何助長這些歪風，得到高點擊率？尤其李大芝身分被揭露後，當新聞臺編輯成了事件主角，新聞倫理與報導立場在這裡受到極大的考驗。

　　特別在網路時代，媒體看點閱率隨機抓新聞，還有內容農場大量產出良莠不齊的資訊，如果只看標題，讀者的思辨能力只會逐漸弱化，同時影響觀眾的素質，在一知半解下做出推論，容易成為一種「集體獵巫」行動，造成許多不可挽回的悲劇。

● **劇集的結局有哪些特別的涵義？**

　　穿著黑袍的王赦與穿白袍的精神科醫師一起走進法院。有些人覺得過於理想性，但導演認為這象徵著法律與療癒可以攜手共進。當悲劇發生後，一個善意的處理方式，讓加害者及受害者家屬，都能得到療癒機會，帶著一點點勇氣繼續往前走。

　　事實上，我們的確得見，許多人在傷痛之後產生一股力量，做出更多積極幫助社會的事情，例如在立法院風雨無阻舉牌十年的柯媽媽，終於讓「汽車強制險」法案立法通過，造福更多人。

《我們與惡的距離》
影集預告

《小偷家族》 Shoplifters			
日本	2018 年出品	片長 121 分	輔 12

「因為愛你才打你」全是騙人的

　　由六個非血緣關係的人組合而成的家庭，各有著不同問題且邊緣的原生家庭。他們在偶然機緣下一起生活，靠著所謂的父母打零工，以及奶奶的老人年金維生，還有在外面順手牽羊來貼補家用。雖然如此，也能和樂相處。

　　直到一個成為新聞事件主角的小女孩來到家中，這個家庭開始分崩離析，當每個人不為人知的祕密一一被揭開的同時，帶出更多關於「家庭」的定義及思考。

｜本片亮點｜

　　本片為集合是枝裕和導演電影的常見主題，集社會爭議新聞事件之大成。用細膩溫柔的距離感，拍出家庭中每一成員的內心流動，呈現複雜的成員關係。具生活寫實的場景、人物、對白，讓觀眾打破家庭、道德、價值判斷等藩籬，看到非血緣家庭的真摯情感。

　　真正的家人是以血緣認定？天下真的無不是的父母嗎？影片無疑打破人們長久以來認定的想法，後天的守護關係，反而更有家庭羈絆，讓彼此更像一家人。導演以不偏袒任何一方的手法，讓觀眾從不同角色身上，看到自己成長的影子，因而創造出另一種日系療癒電影的新風貌。

｜值得學習的角色｜

　　祥太：聰明、內斂，以「第三隻手」技法成為家計維持者之一。在樹里來到家中後，曾想傳授家族技法，在被雜貨店老闆阻止後，開始產生自我良知覺察。後來故意失手受傷，讓整個家族曝光，也讓自己得以走向人生新里程，是家族緊密結合與分崩離析的關鍵角色。

　　樹里：受原生家庭漠視與家暴的沉默女孩，來到小偷家族後才得到照顧與關愛，以至於不想回家。當家族分崩後，看似獲得正義，但她回到原生家庭後依舊受到忽視，只能孤獨從陽臺縫隙中看著外面的世界。

　　柴田治：家中的父親角色，靠偷竊維生，發展出一套偷竊教戰心得手冊。對人生及偷竊有一種謬論，雖是廢材，仍是家中重要的支柱，期待從兩個孩子身上得到為人父的成就感。雖然不是符合一般社會形象的好爸爸，但給孩子的關心卻是不打折扣的真誠。

　　信代：家中的母親角色，溫柔體貼，但必要時，也曾做出殺人等殘酷事情。為了保護樹里，寧可選擇被資遣，對撿到祥太的車號也記得一清二楚，是真心愛著兩個孩子，也讓觀眾特別揪心。

初枝：家族中的奶奶，提供家庭住所。雖有其市儈的一面，但也真的疼惜沒血緣的孫女。當全家人去海邊戲水時，她看著一家五口開心玩耍，心裡著實充滿感激。最後不得不（但也如己所願）被埋葬在家裡。

｜開啟思考的延伸提問｜

● 電影中講了一個繪本故事《小黑魚》（Swimmy），和影片有何連結？

繪本作者為李歐・李奧尼，也是導演拍片的靈感，故事描述大海中一群小紅魚，有一天出現一隻小黑魚，游得比其他魚還快。後來來了一條凶惡的鮪魚，將所有紅魚一吞而盡，從此小黑魚開始孤單生活。當牠再遇到一群小紅魚時，小黑魚邀請他們一起觀賞世界，牠將紅魚排成一條大魚的形狀，然後把自己排在眼睛的地方，這樣就不怕被鮪魚吃掉了！

這故事告訴我們，每個人都有存在的必要，關鍵在於我們有沒有發現自己獨特之處。電影中的角色，在小偷家族中如同小紅魚，放在廣大社會中，又成了小紅魚群中的小黑魚。當各自不同人生的黑魚聚集在一起，便成為新的小宇宙，產生了生命的羈絆，也有了親情的枷鎖。

● 電影碰觸了哪些社會議題？

獨居老人、離家少女，受虐兒童、成年失業、情感忽視、家暴、誘拐、情殺……我們看到這些底層角色之惡，聚在一起又展現出人性之善，也看到許多以愛為名的情感勒索。導演並不是要告訴觀眾黑白對錯，而是面對家族

生存時的選擇，必要之惡有其原因。

● **電影中的祕密與謊言，帶出哪些真相？**

　　「商店裡的商品還沒賣出之前，本來就不屬於任何人。」這是治告訴祥太偷竊的理由。當警察問治：「教小孩偷竊不會感到內疚嗎？」治只能卑微的回答：「因為那是自己唯一能教孩子的東西。」

　　孩子對大人的日常稱謂，可看出他們沒有血緣關係。而大人聚集的家，是建立在祕密與謊言之上。在這些祕密中，他們既是加害者，也是受害者：信代和治偷竊祥太，奶奶拐騙孫女，這些善與惡並非涇渭分明，而是互相牽連影響。然而，謊言家庭中成員的和諧與關懷，又充滿了許多家庭不可得的真善美。

　　於謊言堆砌之中，導演提醒觀眾，細細探察善惡之間的小徑，也許才能觸及自己的真心。

● **這群人的組合算是家嗎？什麼是家庭的必要條件？**

　　什麼是建立「家」與「家人」的必要條件？血緣、金錢？需要陪伴與建立情感相處？還是愛？讓每個人從中獲得需要與期待。這六個來自社會底層、各有傷疤的一家人，無疑建立一個現代浮世繪的「烏托邦家庭」。

　　然而，烏托邦是如此虛幻與搖晃，在大家看待這個家庭是「犯罪家庭」、「非血緣家庭」、「社會邊緣家庭」，怎麼都稱不上「正常家庭」，一旦它崩解，卻又出現希望他們還是一家人之感。就像信代最後攬下所有

罪，祥太在公車上看著窗外奔跑的治，嘴裡無聲叫著「爸爸」，在社會現實的殘酷之下，夢幻拆穿、成員離析之際，這些為彼此最後設想的溫柔依然存在。

　　導演透過一個「家」裡不同人的角度，帶出存在於社會的諸多問題，在感情羈絆纏繞之中，反思讓人心痛的原因。

《小偷家族》
電影預告

《我 12 歲，你介意嗎？》Caught in the Net			
捷克	2020 年出品	片長 100 分	限制級 + 輔 12 級

網海茫茫，你知道孩子遇到什麼嗎？

這說是紀錄片，更像紀錄片中的劇情片，為凸顯兒少在網路受到性剝削的情況，以實境秀模式找來三位童顏的成年女演員，記錄她們從上線與網友視訊聊天，到和網友約見面的整個歷程。

為了釣出這些線上慣犯，劇組特地在攝影棚搭起三個房間，呈現少女生活樣貌，也做了三位演員假的合成裸照。短短十天，她們收到數不清的下體照或變態性邀約，甚至把其中一位演員逼到絕望中。而這些網路慣犯，沒想到原本在網

圖片提供／飛行國際

路上「獵人」的自己，現在卻成了劇組與警察的「獵物」……。

| 本片亮點 |

創新的紀錄片拍攝手法，呈現網路在便利之下，同時帶來日益嚴重的危害，本片也因營造實境的「釣魚」拍攝手法引發爭議。

在捷克，六成的兒童上網時，家長沒有加以約束；四成的兒童收過不雅照片；半數兒童會跟陌生人聊天；甚至兩成不排斥跟陌生人見面。關心孩子的家長，更需要親子一同觀賞此片，發現網路世界的各種光怪陸離，遠比我們想像的還驚世駭俗。

| 值得學習的角色 |

泰瑞莎、莎賓娜、安娜：三位具有童顏的十八歲女性，勇敢嘗試需要不時發揮臨場反應，以及跟陌生網友見面的高難度實境拍攝。拍攝過程對三位的影響，超出劇組預期；其中，安娜在拍攝結束後，發現自己出現難以承受的陰影，決定接受心理治療。

雙導演：富創意及思考縝密的女導演盧波娃、男導演盧賽克，為保障女演員的權益，於拍攝現場請來各領域專家，加上完整的配套措施，掌控整個過程而不致擦槍走火。

最後主動面對面出擊「北方之王」，讓觀眾了解這些網路性剝削者，

多是以自我為中心，完全不考慮兒少心理狀態的渣男。他們配合警方調閱紀錄，開啟犯罪調查，並以過來人身分提醒大人：阻止孩子上網不能解決問題，應多傾聽孩子的心聲。

　　盧卡：網海裡面少數沒有非分之想的人，是三位女演員及劇組公認的好人，也是網友中唯一出現真實面目者。上網目的是喜歡跟有大腦的人聊天。面對女演員傳裸照的發問，告知傳出去的危險，認為這只能留給自己愛的人看。他的平常和日常，甚至讓女演員感動到泣不成聲。

圖片提供／飛行國際

｜開啟思考的延伸提問｜

● **影片如何營造真實性？**

　　角色：找童顏女演員假扮青少女，從服裝、素顏到講話聲音與內容都幾可亂真。

　　場景：片場搭出青春期女孩臥室，並且從女孩自己的物品中，挑出一些做為房間擺設，讓聊天話題更具真實感。

　　外景：將隱藏攝影機，事先藏在與網友約會的布拉格咖啡廳，祕密錄下見面的過程。

　　合成裸照：經專業人員後製而成的「釣魚」工具，用來測試網友會不會出現極端行為。結果顯示，隨之而來出現更多不堪入目的色情影片、照片、威脅及勒索，甚至有網友在見面時，還建議玩 3P。

● **劇組如何創造安全又合法的實境秀形式？**

　　這個釣魚行為，如果進入法律程序，容易受到攻防，所以必須給女演員制定一些行為準則：不主動、只回應、強調只有 12 歲；不調情、不誘導也不挑釁。當對方想談私密性話題時，用裝無辜「我不知道」、「我很害羞」來回答。要是對方再三要求，才繼續談論裸照等事。對方主動要求見面，她們才回應。

　　拍攝期間，現場同時邀請心理諮商師、性學專家、犯罪調查專家，並說明使用哪些網路平臺，這些都是保護演員與整個劇組的機制。

● **為什麼拍攝現場需要專家學者在場？**

　　安排專業人員是對三位演員的保護，維持她們在拍片過程中的身心健康。專家事後表示，這些網友以為女生沒有這麼容易答應，但她們也會感受到壓力。很多人以為性剝削者是戀童癖，其實不然，據調查，戀童癖比例只有 3 ～ 5%。

　　「危機前線組織」總監表示，青春期女孩容易跟雙親產生不合，與網友聊天則彌補這些缺口，但當孩子收到勒索信後，就會開始後悔；有些孩子永遠沒辦法跟大人說實話，因而走上絕路，誤以為傷害自己是最好的方式。

　　其中最讓人驚訝的是，社交平臺應做基本管理，結果卻沒有，他們擔憂控管將造成使用人數下降，有損廣告收益，因而默許這些事情發生。

● **到底該如何正確使用網路，破解性剝削者的話術？**

　　這些人都是自私鬼，面對涉世未深的小孩，常提出許多邏輯不通的要求，例如「你看過我的下體，也應該給我看胸部。」又懂得自圓其說卸下對方心防：「為什麼要介意你 12 歲？我們兩情相悅就好……。」然後一步步走向要脅的地步。

　　他們的話術千奇百怪，容易造成孩子高度扭曲，進而影響與未來另一半的相處。所以我們必須從小給孩子「打預防針」，讓他們知道資訊素養與倫理，了解到一個「傳送照片」的簡單動作，都會成為對方拿來卑劣勒索的把柄，不可不慎。

　　本片有 100 分鐘的「限制級」與 60 分鐘的「輔 12 級」兩個版本，提供給不同年齡層的孩子觀賞。

《我 12 歲，你介意嗎？》
電影預告

延伸片單特搜

1、《看見臺灣》Beyond Beauty - TAIWAN FROM ABOVE
臺灣｜2013 年出品｜片長 93 分｜普遍級
金馬獎最佳紀錄片，已故導演齊柏林本著對家鄉土地的熱愛，空拍寶島的美麗，還有開發造成的破壞，美麗與哀愁，帶給觀眾更多的思辨啟發。

2、《KANO》KANO
臺灣｜2014 年出品｜片長 185 分｜普遍級
臺灣史上首支由臺灣人、日本人和原住民組成的嘉義農林棒球隊，從被看衰一路打進日本「甲子園」的故事。從球場延伸的競賽價值，輸與贏自在人心。

3、《她們》Little Women
美國｜2020 年出品｜片長 135 分｜普遍級
「我的夢想跟你的不同，不代表它們就不重要。」改編自經典名著「小婦人」，將情節轉化成現今的普世議題，四姊妹透過自己的信念與理想，活出橫跨時空不受限制的生活。

4、《孤味》Little Big Women
臺灣｜2020 年出品｜片長 123 分｜普遍級
改編自導演的阿嬤親身閱歷，含辛茹苦的單親媽，在七十大壽時接到丈夫離世的噩耗，女兒們不同的處理態度，呈現家庭錯綜複雜的人生滋味。

5、《我的青春，在臺灣》Our Youth in Taiwan
臺灣｜2019 年出品｜片長 117 分｜普遍級
獲金馬獎最佳紀錄片，從太陽花學運的熱血歷程中，臺灣學運明星及中國留學生的交叉比對，昔日理想對應如今現實，看那些青春的認同與對話，呼應總統大選的精采辯證！

6、《兔嘲男孩》Jojo Rabbit
美國｜ 2020 年出品｜片長 108 分｜輔 12 級

以孩童觀點呈現無情戰火的反諷喜劇電影。膽小如兔的喬，卻是崇拜希特勒的青年團學員，他如何在國家控制及信仰衝突之中，吐槽出自己的自主意識？

7、《親愛的房客》Dear Tenant
臺灣｜ 2020 年出品｜片長 106 分｜輔 12 級

藉由社會議題及法庭攻防的雙主線，結合懸疑的警方辦案，娓娓道出「多元成家」的生命故事。導演以帶距離的視角，思索「以家為名」的家庭核心價值。

8、《幸福綠皮書》Green Book
美國｜ 2019 年出品｜片長 130 分｜保護級

榮獲奧斯卡最佳影片等三項大獎，描繪種族隔離時代，黑人鋼琴家和司機保鑣從互看不順眼，到逐漸放下偏見，發展出超越膚色、階級和性別的真摯友誼。

9、《進擊的鼓手》Whiplash
美國｜ 2015 年出品｜片長 107 分｜保護級

《樂來越愛你》導演一鳴驚人之作，顛覆傳統春風化雨類型電影。為人師表該用愛的教育還是鐵的紀律？兩難的論點，在片尾的大逆轉中令人大呼過癮。

10、《寄生上流》Parasite
南韓｜ 2019 年出品｜片長 132 分｜輔 12 級

創影史紀錄，榮獲奧斯卡多項大獎。片中大膽揭露上流社會及寄生底層的光怪陸離，辛酸中帶著批判，詼諧中產生思辨，天堂與地獄只在一念之間、一牆之隔！

_____年_____班／座號：_____姓名：_____

兩難情境天秤圖

你是不是有感受到電影主角做決定時的左右為難呢？
現在讓我們一起學習從多元的角度進行不同的思考！

★
你認為友子最後應該選擇留在牧生舅舅家？還是該和媽媽回家呢？請想出更多不同的理由！

友子如何選擇新生活

在牧生
舅舅家

和媽媽
回家

_____
_____
_____
_____

_____
_____
_____
_____

在你的生活中有什麼困擾的兩難情境？請創作自己的天秤圖，分別在天秤兩端寫出理由。

★
日常生活中，我們也常遇到兩難情境，例如考試考不好，該告訴爸媽嗎？分組時該參加哪一組才好？發現好朋友作弊或偷錢！
你會如何選擇？

_____年_____班／座號：_____姓名：_____

超級辨辯變

這部電影給你不一樣的衝擊嗎？別人和你的想法一樣嗎？
到底誰的觀點比較有道理呢？我們來開場別出心裁的辯論大會吧！

辯論題目

流程介紹

(1) 請推選班上各幾位同學代表正方及反方。

(2) 這些同學各有相同的時間可以解釋其贊成或反對的原因，正方的1號說完後，換反方的1號說明，依此類推。

(3) 最後兩隊各派一位代表進行總結。

(4) 重要的來了！聽完同學的辯論後，你對這件事情的想法有什麼變化嗎？

辨　對這件事情，我原本的意見：

辯　雙方辯論的過程中，值得記錄的觀點：

變　辯論大會後，我的想法有什麼變化：

超感應同理術

欣賞完電影，你對哪一個角色最感同身受？
選擇一個角色感應出他的內心世界吧！

★角色：

我思考
（想法／立場／觀點）

我看到
（行為／事物／環境）

我聽到
（別人說法／周遭聲音）

我看到？
（外在言行及態度）

角色的痛苦
（害怕／擔憂／挫折／障礙）

角色的想望
（期待／需求／成就／影響）

動腦大開讀新聞

網路時代使得每天的新聞多如牛毛！看似愈來愈精采，但是真是假呢？
這些新聞是不是都值得被報導？讓我們動動腦筋，一起深度讀新聞！

無聊新聞獎 本週三則最不需要被報導的新聞

新聞事件標題	不重要的原因
1.	
2.	
3.	

攏假新聞獎 本週三則容易被騙的假新聞

新聞事件標題	容易被騙原因
1.	
2.	
3.	

重要新聞獎 本週三則最重要新聞大事件

新聞事件標題	值得被報導的原因
1.	
2.	
3.	

動腦思考之後
我認為好的新聞
該有什麼條件？

同場加映

DREAMS
電影教學夢工場

這幾年，我在各個研習營結束後，遇到不少老師詢問電影如何融入生命課程、怎麼進行教學等問題，於是發想出「DREAMS」這個容易熟記的教學模式，希望能夠幫助師長得心應手的操作。

大導演史蒂芬‧史匹柏曾創立「夢工廠」電影製作公司（DreamWorks），至今拍出許多膾炙人口的作品，而「DREAMS」也符合我們期待孩子在觀賞各類影片中，學習其中的核心精神與價值，擁有更多追夢、圓夢的勇氣。

「DREAMS」每個字母分別代表以下內涵：

▌ D = Deep Question：深度提問

老師在提出問題時，必須設計有層次的提問，由淺而深，並從討論中愈挖愈深愈廣，直達電影所要傳達的核心價值。如同梵諦岡教堂由上往下看，呈現螺旋狀的樓梯，想像站在一樓的孩子，如何引領他們走到最高樓層？因此提問的重點，必須緊扣螺旋式學習的「循序漸進、加深加廣」原則。

根據重點，我們分出四個層次的提問：觀察、感受、統整、啟發。提問的順序相當重要，是一種逐步累積的過程，需要經過思考後進行次序編排。

攝影／陳建榮

建議老師們一開始做「觀察性」的提問，因為這種問題屬於封閉型（有標準答案），可讓學生很快找到答案，並且樂於發表。但也有較難的觀察性問題，則適合放在統整性的討論中提出，以《你好，我是漢娜》為例，最後可以問學生：漢娜透過哪些方式、哪些人的援助，能夠在自我認同的歷程中更快速覺醒？

在「感受性」層次，因電影具情節發展，孩子在看電影之中，慢慢產生自己的想法，因此感受上便出現兩種層次：電影角色在事件中的感受，以及觀影者看到角色遭遇產生的想法。從這裡開始，孩子跟電影角色會產生更多連結，並從兩者之間的對話與溝通，由外而內架出一座橋來；這也是我們培養孩子「同理心」的切入點，慢慢進入「溝通力」範疇。

然後，透過「統整性」的問題，讓電影情節結合孩子日常生活經驗，更能留在自己成長的記憶之中。當他們發現生活中也常有同樣的狀況與心情時，藉由電影情節和自身生活經驗的相互類化下，更能感同身受。

　　最後「啟發性」的題目，則是提問中最難的一環，卻也是老師們最常在一開始就提出的。例如看完電影之後，有哪些心得與感想？這問題看似容易，其實多年來在孩子的學習單上，他們寫出來的心得往往流於「故事介紹」，原因在於，如果缺乏前面三個層次的堆疊，一下子要孩子回答最難的部分，他們在沒有門路及引導結構下，就是答不出來。

　　因此，啟發性的問題，必須建構在前三個提問層次的累積上，有了觀察分析、感同身受、統整生活經驗，才能產生不一樣的感想，這也是啟發性提問最想達到的目標。

▎R＝Reflection：自我映照

　　如同迪士尼動畫《花木蘭》，女兒身的木蘭看著河中倒影出現男兒身的自己，那麼，我們希望孩子看電影時映照出什麼？為什麼放這部電影給孩子看？教學目標又是什麼？這是電影教學的成功關鍵，選對適合的電影，教學就成功一半！特別是科技發達又疫情嚴重的時代，現實生活與電影情節愈來愈密不可分。

　　我曾讓孩子看《辣妹過招》一個段落，將電影中女孩間搞小團體的事情，輕易連結到生活中，然後帶學生進行體驗活動：讓孩子聚在一起，找一位同學上臺自白，她曾經說過某位同學的哪些壞話，說完道歉，請對方原諒，再將身體向後倒下，由後面的同學來接住她，象徵以前的恩怨過節一筆

勾銷。

之後，大家維持好長一段時間的相安無事。如果班上又出現女生開始講別人壞話，「某某某，你們又在辣妹過招了喔！」當我聽到男生這樣說，表示已達到教學目標，而且不一定要寫心得感想。

▌ E ＝ Expression：多元表達

小時候大家都使用最原始的感官，表達對事物的想法，然後在受教育的過程開始被侷限，漸漸變成好像只有「文字」才是最重要的表達方式。如果孩子的「學習風格」不是文字型，就很容易被卡住。因此在設計教學活動時，使用不一樣的表現方式，讓孩子有多元機會來表達對電影的感受，是很重要的事。

先前四年級國文課本中選錄海倫・凱勒的故事，於是我將海倫的自傳結合電影，先讓孩子寫完自傳摘要，接著進行戲劇演出。我將書分成五個段落，讓同學分成五組，每組演一個段落，正好從頭到尾把故事演完。在每組不同詮釋下，我們看到了不同的五個海倫、五個蘇利文老師。

而這次的中年級同學，則配合課本「小王子與飛行員」，讓孩子看兩種不同版本的電影，加上原著，之後進行小王子的戲劇演出。看孩子發揮創意，呈現出不同表演型態的吞象蛇及綿羊，讓人眼睛一亮。我還特意出了一張「給對方反饋」的話劇分析學習單，裡頭有為每一組評分的表格，學生得

以專心又開心的看別人演出。

電影教學目標，除了增進孩子「聽、說、讀、寫」外，「思考」能力的培養更加重要。孩子用拍照、錄影或錄音方式來表達想法，都是我們樂見的結果。

▎A = Activities：體驗活動

這是電影融入教學重要的一環，也是許多老師覺得操作較為困難的部分，秩序與安全的考量，往往讓老師卻步。在此鼓勵老師勇敢跨越「怕吵就不做」的心魔，與其讓孩子安靜坐著，不如容許在一些吵雜中進行體驗活動。老師愈常設計體驗活動，就愈容易累積經驗及訣竅，進而達到控制秩序、兼顧安全又順利進行活動的三贏局面。

因我們學校將電影教學放在「綜合活動」領域進行，該領域強調「體驗活動」的重要概念，有體驗才有感受，有感受才有實踐的機會。

我常以自己在泰國清邁的「高空彈跳」經驗來說明，當你鼓起勇氣從上面跳下來時，才真正體會到，人生中許多挑戰，其實在開始願意踏出、勇敢面對的那一步，之後就沒有那麼困難了。因為有真實體驗，才能累積更多感觸。

觀影是看著別人的人生故事而產生的感受，對孩子來說，更直接的學習是「創造第一手感受」。

　　我曾讓孩子蒙上眼睛，體驗海倫‧凱勒如何走路，過程中，甚至有同學跪下來用爬的，因為這樣比較不害怕。體驗之後，他們終於體會海倫的厲害，因為除了走路外，她還要學習點字、寫字……這讓一位作古的歷史人物重現在孩子眼前，使他們明白「偉人」的涵義。

　　看完《永不遺忘的美麗》，我收集一些化妝品，例如口紅、眼影、腮紅……發給每組同學，讓他們呈現何謂「美麗」。只有一組同學願意化在臉上，而且被化的是一個男生，同組女生解讀，美麗就像這位男同學敢被化妝，所以「勇氣」就是美麗！這種讓人起雞皮疙瘩的答案，正因為有了體驗，才會出現。孩子的創造力，也是一點一滴從體驗過程中累積產生。

　　重要的是，體驗活動結束後一定要做反思的提問及討論，免於讓活動淪於玩遊戲。如果時間不夠，可在活動後的下一節課進行討論。

▌ M = Maps：概念構圖

　　擁有圖像思考能力，利用圖像化繁為簡，對現代人來說是非常重要的能力。電影融入教學，對孩子來說不只是純粹語文能力的練習與展現，更透過概念構圖，學習邏輯思考，並且運用於跨領域課程。以下是我們常用的幾種概念構圖：

1. 心智圖

在學習和生活中最為常見。以動畫《名偵探柯南》為例，其人物關係敘述起來又多又雜，但只要藉由心智圖表現，馬上一目了然。心智圖的表現可簡單、可複雜，有學生曾做出《馬拉松小子》心智圖，根本就像一幅畫了。

心智圖（繪製／蔡佳頤）

2. 魚骨圖

用來分析一個複雜事件的發生原因，先列出結果，再歸納可能造成的原因，藉此可增進學生分析及歸納的能力。此圖也常在商業上使用，討論、分析業績的好壞。

3. 天秤圖

適合用在開放式電影結局、兩難情境或公眾議題上的比較討論，本書「思辨力」推薦的七部電影，有不少都適合以此來討論。例如《當他們認真編織時》的結局，如果你是小女孩，你怎麼選擇？留下來？還是跟媽媽回家？設想出天秤兩端不一樣的理由。當然，天秤可以是不平衡的，因為是強調自己的觀點。

4. 環扣圖

一開始先教兩個圈的環扣圖，之後再推進為三個圈的環扣。三個圈的環扣圖，最適合用於電影《三個傻瓜》，以此比較電影中三位主角彼之間的異同。

我也曾利用三部跟環保相關的電影，進行環扣圖分析：Ａ跟Ｂ的交集，Ｂ跟Ｃ的交集，Ｃ跟Ａ的交集，然後Ａ、Ｂ、Ｃ的聯集又是什麼？這種圖也適合做跨文本分析，例如將原著、改編的動畫及電影，進行異同比較。

環扣圖（繪製／劉夏蓉）

5. 九宮格

看完電影，請學生按照時間順序，畫出八格重要事件或情節，來把電影從頭到尾講完，可用圖文呈現。看似簡單，但常有同學畫到第五格，還沒講到整部劇情的一半。

對於文字表達沒有那麼精準的孩子，這個作業很受歡迎。孩子一開始畫九宮格

九宮格（繪製／郭喬苓）

時，建議先用鉛筆以打草稿方式略為畫寫，以便在出現誤差時重新修正。

當學生把多種概念構圖學會後，可選擇各種圖來表現自己看到的重要內容。之前六年級國語課文有「臺灣文學之母」鍾肇政的《魯冰花》，我們就畫了一整面黑板的概念構圖，來比較原著小說跟新、舊版電影的異同。

後來每個學生在呈現自己不同內容的文本上，畫出來的概念圖都不太相同。概念構圖表現的精采之處，就是孩子無限的想像力、創造力、思考能力等，都在學習的累積中逐漸完整。

魚骨圖（繪製／邱敬淳）

天秤圖（繪製／李昕儒）

比較異同（繪製／吳易芸）

比較異同（繪製／潘敏瑄）

▌ S＝Sensation：情意感知

前面五項比較像技法，而擺在最後的Ｓ，則是認知、技能、情意三大學習層次上最難達到的，也是電影融入教學中生命教育的一環。看完電影，學生到底感知到什麼？我喜歡搭配一隻貓和一隻狗依偎在一起的圖來解釋。貓狗不兩立，這異於常人的情景，就是我們要推動的「融合教育」。

希望同學在看完電影後，透過認識各種角色，知道人生有許多考驗、挫折跟困難，我們是不是能將心比心，去理解世界的多元，去克服生活中的種種考驗？也因具有足夠的同理心，在生活中與不同人接觸後，認同自己也尊重別人，就像狗跟貓相互依偎一樣。

▌ 電影活動操作心法

在活動進行時，難免遇到冷場狀況。為避免冷場，可事先準備一些問題來化解，例如丟出一些問題：「你最喜歡電影哪個情節？」「在哪個地方看到哭？」「你覺得哪裡超有創意？」

我也曾讓孩子進行「比手畫腳」遊戲，藉由比出喜歡的場景讓同學猜想，以增加課程熱度。前提是老師一定要事先把電影看過幾遍，注意一些蛛絲馬跡，當孩子表演時，有時別人猜不出，老師早已猜到，就可以提供多一點暗示。

　　如果是討論熱烈，七嘴八舌、爭相發言而鬧哄哄時，就得依賴平時班級經營的默契。當我說「一二三」，學生會立刻回答「閉嘴巴」；說「四五六」時代表「請坐好」；最終「七八九」則是「看老師」！

　　等到教室安靜下來，我感謝學生願意熱烈表達想法，但太多人同時講話，就無法尊重及傾聽別人，所以希望大家先舉手再發言。

　　之前我也曾配合行動學習，於網路平臺上設一個區塊讓學生使用平板留言。這個方式讓平常羞於舉手發言的同學，也能共同參與。

　　另一個法寶則是「賓果遊戲」。在 QA 討論時，發下 5X5 賓果遊戲單，自行寫下 1～25，回答問題的人可選號碼，連成線的人則可以增加點數或換小禮物，過程中得以兼具孩子的發言熱度和秩序維持。

▌電影放映選擇原則

　　最後，附上「電影融入教學」影片選擇檢核表，老師可將屬意的影片逐一進行檢核，挑選適合教學的電影。

　　不過選片的前提是，老師一定要先看過電影，也建議觀後最好再查閱影評，看有沒有哪些地方沒看懂，或是有沒看到的重點，再做進一步選擇。當然，學校是否有購買電影的「公播版權」也是考慮的實際因素。

　　另一個考量，則必須依靠老師的教學經驗：班上孩子能不能看非中文發音影片？或是了解班上學生正遭遇的問題，需要某種類型影片來協助？如果

「電影融入教學」選片檢核表

基本資料			
結合領域		教學時間	
教學重點		教學對象	
片名		國別	
年分		片長	
類型	□動畫 □劇情 □紀錄	格式	□ DVD □檔案 □平臺

檢核項目	勾選	備註
（一）教 學 需 求		
1. 影片內容符合教學主題		
2. 影片內容適合學生程度		
3. 影片時間適用教學節數		
4. 影片培養生活態度的情意學習		
5. 影片提供寓教於樂的學習效果		
（二）影 片 品 質		
1. 影片情節容易引起共鳴		
2. 影片內容充滿人文關懷		
3. 影片呈現多元文化觀點		
4. 影片美學風格印象深刻（攝影、音樂、美術等）		
5. 影片榮獲獎項或影評推薦		
（三）相 關 考 量		
1. 影片分級符合學生年齡		
2. 影片沒有傳遞錯誤觀念		
3. 影片沒有呈現不當訊息		
4. 擁有影片公開播映版權		
5. 影片於市場上流通普遍		

檢核人：　　　　　　　　　　　　　　檢核日期：

班上有特殊學童,如妥瑞氏症患者,那就選《我的嗝嗝老師》,增加孩子的關懷同理心。影片的挑選與班上成員、屬性、老師要處理的問題,以及希望達到的學習目標,都是息息相關的。

通常我們以為兒童就要看專屬的兒童電影,但如果是紀錄片,沒有兒童,甚至不以「人」為主角呢?其實一樣也適合兒童觀賞。因此在配合觀賞級數下,無關所謂的兒童電影,也許更精確的說法可稱為「親子電影」,期待孩子與大人一起享受觀影的歷程。以《當他們認真編織時》來說,目前級數是「輔 12 級」,但我認為比起漫威電影的內容,它應為「保護級」,其實一樣適合親子共賞。

教學中播放電影的方式,我列出四種,各有優缺點,供老師各取所需。

1. 完整放映

優點是一次欣賞完成,但缺點不少。孩子的學習動機,容易隨電影結束而告終,以至於對後面的討論和學習單,都顯得興致缺缺,放在教學時間有限的教育現場並不實際。

2. 分段放映

這是多年來我在學校進行的方式。將電影依照三幕劇,或是起承轉合過程,分成幾個段落來看。好處是孩子看完會非常期待下一次,因而活絡學習動機,容易配合學習任務。

3. 片段放映

只播放電影跟教學目的有關的段落，這方式非常適合科任老師。將劇情、角色關係以口述帶過，既節省時間也命中教學目標。缺點是老師必須事先將段落準備好，還有，少了劇情的起承轉合，比較不容易留在學生心裡。

4. 濃縮放映

又可稱為剪輯放映，透過後製濃縮，既符合教學時間又保留劇中連結，缺點是只能省略細節。

最後，我們把 DREAMS 畫做一隻蝴蝶，並把每項重點放入其中。在 D 到 S 的每個學習歷程中，期待延伸出「關愛」與「正能量」的蝴蝶效應。

蝴蝶效應是 A 點發生的事情會影響 B 點。如果 A 點是教學，B 點是電影，看似沒有關係，但經過巧妙的體驗後，可以讓 A 點與 B 點產生看不到的連結，這個連結有如外太空的星辰，慢慢累積成無垠宇宙。

我們希望透過電影可以產生無限大的能量，讓孩子在日後的生活發展中，產生看不見的影響力。無論膚色、性別、興趣或性向，都能夠勇敢做自己，進而在各領域中成為自己心目中的超級巨星！

「Be yourself, Be your superstar！」

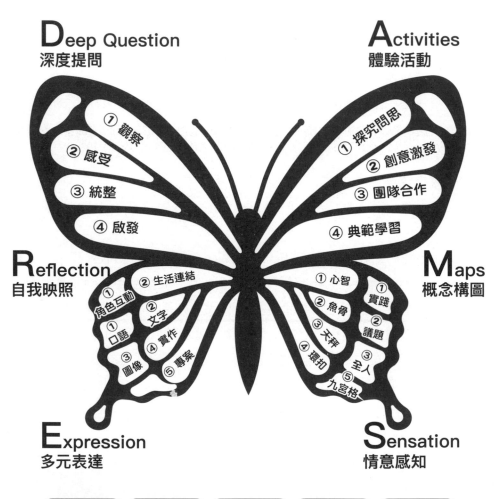

艾瑞克的高空彈跳

蝴蝶效應

體驗活動 1
小王子話劇展演

體驗活動 2
愛的實驗室

體驗活動 3
猜猜我是誰

85 部特蒐片單索引

溝通力 Communication and Teamwork

片名	出品國	出品年分	片長	影片分級
《腦筋急轉彎》Inside Out	美國	2015	102 分	普
《逆光飛翔》Touch of the Light	臺灣	2012	110 分	普
《虎媽伴學方程式》The New Classmate	印度	2015	99 分	普
《女孩說好只打臉》Fight Girl	荷蘭	2018	84 分	護
《今天也要用便當出擊》Bento Harassment	日本	2019	106 分	普
《X+Y 愛的方程式》X+Y	英國	2015	111 分	護
《花漾奶奶秀英文》I Can Speak	南韓	2018	118 分	護
延伸片單特搜				
《時光髮廊》Romy's Salon	荷蘭	2019	86 分	普
《護墊俠》Pad Man	印度	2018	137 分	普
《我和我的冠軍女兒》Danga1	印度	2016	161 分	普
《爸媽不在家》Ilo Ilo	新加坡	2013	100 分	護
《俗女養成記》The Making of an Ordinary Woman	臺灣	2019	目前兩季共 20 集	普
《隱藏的大明星》Secret Superstar	印度	2017	155 分	普
《日常對話》Small Talk	臺灣	2017	89 分	普
《陽光普照》A Sun	臺灣	2019	155 分	輔 12
《后翼棄兵》The Queen's Gambit	美國	2020	共 7 集	輔 12
《性愛自修室》Sex Education	英國	2019（第一季）	目前三季共 24 集	輔 15

創造力 Creativity and Implementation

片名	出品國	出品年分	片長	影片分級
《小王子》Little Prince	法國	2015	108 分	普
《柏靈頓：熊愛趴趴走》Paddington Bear	英國	2015	96 分	普
《布拉姆的異想世界》Fidgety Bram	荷蘭	2012	79 分	普
《你的名字》Your Name	日本	2016	106 分	普
《一級玩家》Ready Player One	美國	2018	140 分	護
《少年 PI 的奇幻漂流》Life of Pi	美國	2012	127 分	普
《雖然是精神病但沒關係》 It's Okay to not be Okay	南韓	2020	共 16 集	輔 12
延伸片單特搜				
《笑笑羊大電影》Shaun the Sheep Movie	英國	2015	85 分	普
《我們的勇敢時刻》Kids of Courage	德國	2016	200 分	普
《勇敢的安妮》Anne with an E	加拿大	2017	全三季 共 27 集	護
《星際效應》INTERSTELLAR	美國	2014	169 分	護
《梵谷：星夜之謎》Loving Vincent	波蘭	2017	95 分	護
《魔戒三部曲》 Lord of the Rings: The Return of the King	紐西蘭 美國	2003	200 分	護
《消失的情人節》My Missing Valentins	臺灣	2020	119 分	普
《千年一問》Chen Uen	臺灣	2020	135 分	普
《你的孩子不是你的孩子》On Children	臺灣	2018	共 10 集	輔 12
《亞森羅蘋》LUPIN	法國	2021	目前 共 10 集	輔 12

關懷力 Compassion and Empathy

片名	出品國	出品年分	片長	影片分級
《聽見歌再唱》Listen Before You Sing	臺灣	2021	113 分	普
《奇蹟男孩》Wonder	美國	2017	113 分	普
《我的嗝嗝老師》Hichki	印度	2018	116 分	普
《逆著風的旅行》Yomeddine	埃及	2018	96 分	普
《我還小，但我能改變世界》Forward	法國	2019	84 分	普
《蘿莉破壞王》System Crasher	德國	2020	120 分	輔 12
《迷雁返家路》Spread Your Wings	法國	2019	113 分	普
延伸片單特搜				
《只有大海知道》Long Time No Sea	臺灣	2018	96 分	普
《五個小孩的校長》Little Big Master	香港	2015	113 分	普
《老師你會不會回來》Turn Around	臺灣	2017	108 分	普
《戰火下的小花》The Breadwinner	阿富汗 愛爾蘭	2017	94 分	普
《再會吧！青春小鳥》 Have a Song on Your Lips	日本	2015	131 分	普
《如常》Walking Dharma	臺灣	2019	71 分	普
《阿紫》The Good Daughter	臺灣	2020	83 分	普
《我想有個家》Capharnaum	黎巴嫩	2018	126 分	輔 12
《犬之島》Isle of Dogs	美國	2018	101 分	護
《薩爾加多的凝視》The Salt of the Earth	法國 巴西	2015	110 分	護

樂活力 Courage and Passion

片名	出品國	出品年分	片長	影片分級
《不丹是教室》 Lunana: A Yak in the Classroom	不丹	2020	109 分	普
《幸福的麵包》Bread Of Happiness	日本	2012	114 分	普
《太陽的孩子》Wawa No Cidal	臺灣	2015	99 分	普
《我家有個開心農場》 The Biggest Little Farm	美國	2019	91 分	普
《黑熊來了》Formosan B.B. is Coming	臺灣	2019	119 分	普
《菜英文沒在怕》 Samjin Company English Class	南韓	2020	110 分	普
《靈魂急轉彎》Soul	美國	2020	110 分	普
延伸片單特搜				
《我的妹妹小桃子》MY Sister Momoko	日本	2003	72 分	普
《逐夢上學路》On the Way to School	法國	2014	77 分	普
《幸福路上》On Happiness Road	臺灣	2018	110 分	普
《哪啊哪啊～神去村》Wood Job!	日本	2014	116 分	普
《這一生，至少當一次傻瓜》Fruits of Faith	日本	2013	128 分	普
《寧靜咖啡館之歌》The Furthest End Awaits	日本 臺灣	2015	119 分	護
《跟著 Ikea 衣櫥去旅行》 The ExtraordinaryJourney of the Fakir	法國	2018	96 分	護
《哈囉掰掰，我是鬼媽媽》Hi Bye, Mama!	南韓	2020	共 16 集	輔 12
《就愛斷捨離》Happy Old Year	泰國	2020	114 分	普
《游牧人生》Nomadland	美國	2020	107 分	普

思辨力 Critical Thinking and Problem Solving

片名	出品國	出品年分	片長	影片分級
《當他們認真編織時》Close–Knit	日本	2017	127 分	輔 12
《來自星星的傻瓜》PK	印度	2014	152 分	護
《無聲》The Silent Forest	臺灣	2020	104 分	輔 12
《你好，我是漢娜》First Day	澳洲	2020	目前一季共 4 集	護
《我們與惡的距離》The World Between Us	臺灣	2019	共 10 集	輔 12
《小偷家族》Shoplifters	日本	2018	121 分	輔 12
《我 12 歲，你介意嗎？》Caught in the Net	捷克	2020	100 分	限＋輔 12
延伸片單特搜				
《看見臺灣》Beyond Beauty – TAIWAN FROM ABOVE	臺灣	2013	93 分	普
《KANO》KANO	臺灣	2014	185 分	普
《她們》Little Women	美國	2020	135 分	普
《孤味》Little Big Women	臺灣	2020	123 分	普
《我的青春，在臺灣》Our Youth in Taiwan	臺灣	2019	117 分	普
《兔嘲男孩》Jojo Rabbit	美國	2020	108 分	輔 12
《親愛的房客》Dear Tenant	臺灣	2020	106 分	輔 12
《幸福綠皮書》Green Book	美國	2019	130 分	護
《進擊的鼓手》Whiplash	美國	2015	107 分	護
《寄生上流》Parasite	南韓	2019	132 分	輔 12

致謝 /

豔陽下的電影種子
心靈上的麥田捕手

　　這是一段艱辛又喜樂的《魔戒》旅程。無數星空下的挑燈夜戰、二十年來的教學生涯、數百部電影的悸動催化，在這振筆疾書的過程中回憶成長的點點滴滴，彷彿自己重新與親朋好友相互對話，讓彼此的生命再度同臺演出。

　　感謝讀者讓我有機會分享心儀的文青電影，也偷渡許多私密的生命經驗，期待書中的光影流動，使你我聽見內在的聲音、看見困境的亮光，累積重新開機的人生修復力。

　　《牧羊少年奇幻之旅》裡提到：「當你真心渴望某樣東西時，整個宇宙都會聯合起來幫助你。」就是這樣的機緣促成這樁美事。深深感謝琦瑜姐的邀請，讓親子電影的美好得以再次被看見；佩芬的長期鼓勵，努力協助我移除不同路障；珮雯的緊追不捨，把我逼到牆角，不生出來都不行；胤孝有條不紊的處理許多細節，忍受我突發奇想的強迫症狀；靈姝結合動靜文本的雙重力量，達到異業結盟的行銷創舉；育蘋百忙之中花費時間，設計細膩生動的封面；怡辰老師長久以來的鞭策，讓我在偷懶之餘不忘激勵自己。

　　當然還有子弘姐數個月來的採訪，協助我細數電影與教學的心路歷程，雖然過程忙碌又辛苦，但也讓我們以「影癡」之姿徜徉在光影的燦爛時光中……由於親子天下團隊多位「代理孕母」的接棒支持，新作《用電影和孩子談生命中重要的事》才能從無到有，歷經多年光景，終於孕育而生。

　　萬分感激各界先進，在疫情嚴峻的繁忙時刻，願意給後輩加油打氣，您們在書中推薦序的隻字片語，讓我回想起這些篳路藍縷的路途，眼眶中帶有一絲絲的閃閃淚光，建榮獻上深深謝意。

　　當然還有春暉電影公司陳總的提攜、富邦文教基金會的多位夥伴、公共電視的同仁、飛行國際的寒梅姐、教育圈的諸多師長，您們都是建榮能夠持續邁進的動力來源；以及不同人生階段的摯友們、臺北的親友們、文文協助構思 5C，我們的情誼如電影般發光發熱，烙印最深刻的情感記憶，讓彼此的生命有如一部部的療癒系電影，不斷產生幸福迴圈。

　　「忠孝哈電影 SMILE」這歷久彌新、動人心弦的課程，感謝歷任校長的支持、主任的推動、全校教師的執行，當然還有歷屆學生的熱情參與。這兩年的導師生涯因有玉娟老師、蕭老師及鮑阿姨的關心、孩子的用心、家長的交心，讓「星樂園」創造永難忘懷的共同回憶，在這段日子裡，我們在電影的美麗時光中一同歡笑、思考、啟發。其實是你們豐富了老師的生命……。

　　長年在臺北任教一直努力衝衝衝，回家的次數有限。感謝爸爸的體貼諒解和健康獨立、姊姊的勇敢堅強和高超廚藝、哥哥的適時關心和開車接送、阿姨舅舅親友們的相互扶持，讓我們家族營造不同的幸福樣貌，擁有平安喜

樂的身心靈最重要，相約日後還是永遠的一家人！每次煩躁焦慮時，還好有愛子青春豆在一旁耍寶賣萌；感謝另一半多年的體貼和包容，讓我們可以神采飛揚的向前行。

生命稍縱即逝、生活物換星移，雖有不勝唏噓之感，但情感的交流，讓剎那存在彼此的永恆。雖然電影終會停格，但是生命依舊放映！

最後，謹以此書，獻給創造這片雲彩的摯愛母親……。

國家圖書館出版品預行編目 (CIP) 資料

用電影和孩子談生命中重要的事：85 部好片 X
200 道提問，親師必備的引導對話指南／陳建
榮著 . -- 第一版 . -- 臺北市：親子天下股份有
限公司 , 2021.07

　面 ;17x23 公分 . -- (學習與教育 ; 223)
ISBN 978-626-305-036-5(平裝)

1. 電影片 2. 藝術教育 3. 初等教育

523.37　　　　　　　　　　　　110010018

學習與教育 223

用電影和孩子談生命中重要的事

85 部好片✕200 道提問，親師必備的引導對話指南

作者｜陳建榮
採訪撰述｜張子弘
責任編輯｜林胤孝
編輯協力｜陳珮雯、陳瑩慈、陳子揚、王雅薇、李春枝
校對｜魏秋綢
書封設計｜黃育蘋
書封插畫｜陳佳蕙
內頁排版｜賴姵伶
行銷企劃｜林靈姝

天下雜誌群創辦人｜殷允芃
董事長兼執行長｜何琦瑜
媒體產品事業群
總經理｜游玉雪
總監｜李佩芬
版權專員｜何晨瑋、黃微真

出版者｜親子天下股份有限公司
地址｜臺北市 104 建國北路一段 96 號 4 樓
電話｜(02)2509-2800　傳真｜(02)2509-2462
網址｜www.parenting.com.tw
讀者服務專線｜(02)2662-0332　週一～週五 09:00~17:30
讀者服務傳真｜(02)2662-6048
客服信箱｜bill@cw.com.tw
法律顧問｜臺英國際商務法律事務所 · 羅明通律師
製版印刷｜中原造像股份有限公司
總經銷｜大和圖書有限公司　電話｜(02)8990-2588

出版日期｜2021 年 7 月第一版第一次印行
　　　　　2021 年 10 月第一版第四次印行
定價｜420 元
書號｜BKEE0223P
ISBN｜978-626-305-036-5（平裝）

訂購服務
親子天下 Shopping｜shopping.parenting.com.tw
海外 · 大量訂購｜parenting@cw.com.tw
書香花園｜臺北市建國北路二段 6 巷 11 號　電話｜(02)2506-1635
劃撥帳號｜50331356 親子天下股份有限公司